全国职业培训推荐教材
劳动和社会保障部教材办公室评审通过
适合于职业技能短期培训使用

# Internet入门与应用

主编　白贞武
审稿　彭　勇

中国劳动社会保障出版社

**图书在版编目(CIP)数据**

Internet 入门与应用/白贞武主编. —北京：中国劳动社会保障出版社，2006

职业技能短期培训教材

ISBN 7-5045-5566-5

Ⅰ.I… Ⅱ.白… Ⅲ.因特网-基本知识 Ⅳ.TP393.4

中国版本图书馆 CIP 数据核字(2006)第 024245 号

**中国劳动社会保障出版社出版发行**

(北京市惠新东街 1 号 邮政编码：100029)

出 版 人：张梦欣

*

煤炭工业出版社印刷厂印刷装订 新华书店经销

850 毫米×1168 毫米 32 开本 3.625 印张 93 千字

2006 年 5 月第 1 版 2006 年 5 月第 1 次印刷

**定价：7.00 元**

**读者服务部电话：010-64929211**

**发行部电话：010-64927085**

**出版社网址：http://www.class.com.cn**

# 前　言

职业技能培训是提高劳动者知识与技能水平、增强劳动者就业能力的有效措施。职业技能短期培训能够在短期内，使受培训者掌握一门技能，达到上岗要求，顺利实现就业。

为了适应开展职业技能短期培训的需要，促进短期培训向规范化发展，提高培训质量，劳动和社会保障部教材办公室组织编写了职业技能短期培训系列教材，涉及二产和三产 50 多个职业（工种）。在组织编写教材的过程中，以相应职业（工种）的国家职业标准和岗位要求为依据，并力求使教材具有以下特点：

短。教材适合 15 天至 30 天的短期培训，在较短的时间内，让受培训者掌握一种技能，从而实现就业。

薄。教材厚度薄，字数一般在 10 万左右。教材中只讲述必要的知识和技能，不详细介绍有关的理论，避免多而全，强调有用和实用，从而将最有效的技能传授给受培训者。

易。内容通俗，图文并茂，容易学习和掌握。教材以技能操作和技能培养为主线，用图文相结合的方式，通过实例，一步步地介绍各项操作技能，便于学习、理解和对照操作。

这套教材适合于各级各类职业学校、职业培训机构在开展职业技能短期培训时使用。欢迎职业学校、培训机构和读者对教材中存在的不足之处提出宝贵意见和建议。

**劳动社会保障部教材办公室**

# 简　介

本书是因特网（Internet）应用培训教材，供各地在开展Internet应用的培训时使用。

本书首先介绍了Internet的主要应用，以及接入Internet的方式；然后介绍了网络上最常用的功能，使用浏览器浏览和搜索信息，收发电子邮件；还介绍了网络交流的其他渠道，如QQ、MSN、论坛等；介绍了网络上的其他应用和服务，如网上新闻、网上购物、网上娱乐等。

本书在编写中，通过详细的操作步骤和一一对应的图片，来介绍如何应用Internet，便于受培训者学习和掌握。

本书适合于职业技能短期培训使用。通过培训，初学者或具有一定基础的人员可以较为熟练的使用Internet。本书也可供初次接触网络的爱好者自学。

本书由白贞武、袁赠欢、姜瑜编写，白贞武主编；彭勇审稿。

# 目　录

# 第 1 章　初识 Internet

**本章培训要求**

通过本章的学习，要求培训对象了解 Internet 的特点及其主要服务，掌握 IP 地址和域名等基本概念。

## 1.1　Internet 概述

随着现代计算机技术的发展和通信技术的进步，网络日益成为人们生活中最重要的组成部分。网络不仅走进了科研院所，而且还走进了学校、家庭以及我们生活中的每个角落，改变着我们的生活，改变着我们的工作方式和思维方式。

很多人可能无数次听说过 Internet，但却从未接触过。对于初涉者来说，当然最想知道的是：Internet 到底是什么？它对我们的生活又有什么用?

### 1.1.1　什么是 Internet

Internet 的中文名称是因特网或互联网，是世界上最大的互联网络。所谓网络，简单地说，就是用电缆线把若干计算机连起来，再配以适当的软件和硬件，以达到在计算机之间交换信息的目的。

Internet 本身不是一种具体的网络，而是由相互之间可以互通信息的分布在世界各地的许多计算机相互连接而成的一个巨大网络，所以又将它称为“虚拟网络”或“网络的网络”。

人们对 Internet 有成百种比喻，有的将它比作图书馆，有的将它比作邮局，有的将它比作高速公路，不过将它比作一个由信息仓储系统和运输系统所组成的信息资源综合系统也许更恰当。

Internet 就好像一个图书馆，每一个出版物都有其自己的结构和组织方式，与其他的出版物没有关系。使用图书馆的检索系统可以寻找到所需要的书，然后利用这本书中的索引系统（如目录表、索引等）就可以找到所需要的信息。如果这本书中又提及其他相关的图书，则可以根据这些信息，再利用图书馆的检索系统找到所需要的其他信息。

Internet 又好像一个邮局，其中的每个子网络则可以看成本地的邮局。当一个邮局收到一封信后，首先应检查收信人地址是否在该邮局的管辖范围之内。如果在，则由邮局将信件直接送给收信人；如果不在，邮局就会选择一条比较好的传输途径，最终把信件送到目的地址附近的邮局，然后由该邮局将信件送给收信人。如果邮局不够大，信件就会投递到附近的一个大型邮局，然后重复上述过程以至投送给收信人。

Internet 也像一个公路系统，一旦你从某一入口驶入，就可以很轻松地从一个站点到达另一个站点，路上不但可以发现很多景点，还可以适时地停下来观赏一番，也可以同周围的游客讨论。在 Internet 上，你可以打开一个本地的已连接到 Internet 的计算机，然后通过 Internet 跳到与 Internet 连接的另一台计算机上，寻找需要的信息。另外，你可以加入不同的讨论小组，讨论你所感兴趣的话题。

今天的 Internet 已经远远超过了一个网络的含义，它是一个信息社会的缩影。虽然至今还没有一个准确的定义来概括 Internet，但是这个定义应从网络互联、网络通信、网络提供信息资源以及网络管理等不同角度来综合加以考虑。

（1）从网络互联的角度来看，Internet 可以说是由成千上万个具有特殊功能的专用计算机或设备通过各种通信线路，把分散各地的网络在物理上连接起来。

（2）从网络通信的角度来看，Internet 是一个用 TCP/IP 协议把各个国家、各个部门、各种机构的内部网络连接起来的超级数据通信网。

（3）从提供信息资源的角度来看，Internet 是一个集各个部门、各个领域内各种信息资源为一体的超级资源网。凡是加入 Internet 的用户，都可以访问所有信息资源，查询各种信息，获取自己所需的各种信息资料。

（4）从网络管理的角度来看，Internet 是不受政府或某个组织管理和控制的。但是，连入 Internet 的每一个成员都自愿地承担对网络的管理和支付费用，友好地与相邻网络协作指导 Internet 上的数据传输，共享网络资源，并且共同遵守 TCP/IP 协议的一切规定。

### 1.1.2 Internet 的特点

Internet 在很短的时间内风靡全世界，而且正在以越来越快的速度发展，这与它具有的显著特点是分不开的。

（1）信息传播范围广

同报刊、广播、电视传媒一样，Internet 已成为今天重要的传媒形态，并成为人类生活不可缺少的一部分。加入 Internet，就可以与世界各地的人们交换信息，及时获得有关政治、经济、商务活动的最新信息，了解有关天气、体育和娱乐方面的消息，还可以实现针对某一问题的远程讨论。

（2）信息容量大

由于现代计算机存储技术的发展提供了近乎无限的信息存储空间，Internet 已成为一个涉及政治、经济、科研、文化、教育、体育、娱乐、企业产品广告以及招商引资等各个方面内容的全球最大的信息资源库。

（3）检索方便快捷

与一般媒体相比，Internet 上的信息可以更方便地检索，传输过程也极为迅速。通过 Internet，可以很容易地检索出全球大部分生产销售某种产品的厂商，实现与厂商的直接接触；通过 Internet，可以很容易地从一个国家到另一个国家，或者同时向不同国家的不同厂商订购不同的产品，而这一切不但只需要几分钟的时间，而且足不出户即可完成。

（4）灵活多样的接入方式

灵活多样的入网方式是 Internet 获得高速发展的重要原因，任何计算机只要采用 TCP/IP 协议与 Internet 中的任何一台主机通信，就可成为 Internet 的一部分。由于 TCP/IP 协议采取开放策略，支持不同厂家生产的硬件、软件和网络产品，任何计算机，无论是大型机、小型机，还是微型机，只要采用 TCP/IP 协议，就可实现与 Internet 的互联。

### 1.1.3 Internet 的起源和发展

（1）Internet 的起源

Internet 起源于美国国防部高级研究项目署（ARPA）在 1969 年建立的一个实验性网络 ARPANET。

最初，ARPANET 主要用于军事研究，基于这样一种主导思想：网络必须能够经受住故障而继续维持正常工作，一旦发生战争，当网络的某一部分因遭受攻击而失去工作能力时，网络的其他部分应当能够维持正常通信。

ARPANET 最初只有 4 个节点，1972 年发展到 40 个节点，同时研究并开发了一种新的网络协议即 TCP/IP 协议，用于互联不同类型的网络，使得连接到网络上的所有计算机能够相互交流信息。

（2）Internet 的实用化

20 世纪 80 年代初，美国科学基金会（NSF）资助建立了 NSFNET，目的是将所有计算机科研人员连接起来进行科学、学术研究。

NSFNET 是 Internet 的一个里程碑，它将美国的五个超级计算机中心连接起来，该网络使用 TCP/IP 协议与 Internet 连接。NSFNET 建成后，Internet 得到了快速的发展。到 1988 年 NSFNET 已经接替原有的 ARPANET 成为主干网。1990 年，

ARPANET 正式宣布停止运行。

(3) Internet 的商业化

20 世纪 90 年代初，商业机构进军 Internet、“信息高速公路”的建设，使 Internet 呈爆炸性发展。Internet 快捷、方便的通信和信息资源，使人们认识到它在商业用途上具有巨大潜力，世界各地无数的企业、商家及个人纷纷涌入 Internet，出现了许多专门为个人或单位接入 Internet 提供产品和服务的公司 ISP (Internet 服务提供商)。1995 年 4 月，NSFNET 正式关闭。

(4) Internet 的公众化

随着 Internet 的不断发展，它已经发展到各个国家的各个行业，为个人生活与商业活动提供了更为广阔的空间和环境。网络广告、电子商务、电子政务、电子办公已经成为大家所熟悉的名词术语。

今天的 Internet 已不再只是计算机人员和军事部门进行科研的领域，而是开发和使用信息资源的覆盖全球的信息海洋。

### 1.1.4 Internet 在中国的发展

Internet 在中国的发展可分为两个阶段：

第一阶段：1987—1993 年，主要为理论研究与电子邮件服务，一些科研部门通过应用 Internet 上的电子邮件，与国外的科技团体进行学术交流和科技合作。

1990 年 4 月，我国启动中关村地区教育与科研示范网，1992 年该网络建成，实现了中国科学院与北京大学、清华大学三个单位的互联。

第二阶段：1994 年至今，建立国内的计算机网络并实现了与 Internet 的全功能连接，开通了 Internet 的全功能服务。

1994 年 5 月中国科学院高能物理研究所的计算机正式进入了 Internet。与此同时，以清华大学为网络中心的中国教育与科研网也于 1994 年 6 月正式连通 Internet。

1996 年 6 月，中国最大的 Internet 互联子网 CHINANET

正式开通并投入营运，在中国兴起了一种研究、学习和使用Internet的浪潮，中国的用户已经越来越走近Internet，而Internet也已经成为中国人科研工作甚至日常生活的一个重要组成部分。

中国的Internet虽然起步较晚，但发展非常迅速。据CNNIC（中国互联网络信息中心）发布的“第十七次中国互联网络发展状况统计报告”显示，截止到2005年12月31日，我国上网用户总数为1.11亿，仅次于美国。同1997年10月第一次调查结果62万上网用户相比，现在的上网用户数已是当初的179倍。

经过十年快速的发展，中国互联网已经形成规模，互联网应用走向多元化。人们在工作、学习和生活中越来越多地使用互联网，整个社会的运行都搭上了互联网的快车，并打上了互联网的烙印，互联网已经从单一的行业发展成为深入我国各行各业的社会大众的互联网。

目前，我国已有九大通信网络公司提供网络服务，分别是：

（1）中国公用计算机互联网（CHINANET）

（2）中国科技网（CSTNET）

（3）中国教育和科研计算机网（CERNET）

（4）中国联通互联网（UNINET）

（5）中国网通公用互联网（CNCNET）

（6）中国移动互联网（CMNET）

（7）中国国际经济贸易互联网（CIETNET）

（8）中国长城互联网（CGWNET）

（9）中国卫星集团互联网（CSNET）

其中非营利单位有四家：中国科技网、中国教育和科研计算机网、中国国际经济贸易互联网和中国长城互联网。这九大互联网络单位都拥有独立的国际出口，并相互连通。截至2005年年底，我国的国际出口带宽总量为136 106 M，连接的国家有美国、俄罗斯、法国、英国、德国、日本、韩国、新加坡等。

## 1.2 Internet 的主要应用

Internet 不仅是网络系统，还是一个信息资源系统。这个庞大的信息资源系统的使用对象不仅仅是工程师和科研人员，形形色色的人也在不断地加入 Internet，通过它便捷的通信功能和外界交换着信息。

### 1.2.1 个人网上信息应用

在互联网平台上，个人对网上信息的应用是无穷无尽的，每个人都会有独到的、创新的应用和发现。

（1）资源共享

在 Internet 上，以服务器为中心，把众多的计算机、专用服务器、大型机、小型机的资源集结在一起，从而形成遍布世界各地的数据信息资源，用户可以通过通信线路与 Internet 连接，查询和获取网上的各类信息、下载各种资料等。

（2）网上交流

在 Internet 上，人们的交流方式越来越快捷方便，可以通过电子邮件、网际对话如聊天室等来互相交谈，获得更多的信息，了解更多的事情；还可以利用“布告栏系统 BBS”张贴自己的文章，阅读他人的帖子，参与自己所关心的话题的讨论，并得到虚拟社区里的网友的帮助或向专家咨询问题。

（3）网上购物

Internet 发展到今天，已经使网上购物成为现实。消费者只要在自己家中，便可通过计算机浏览网络商城的商品，查看商品的式样、颜色、价格，并可以订货、付款。任何时候你想购物，只要打开家中的计算机，在网上商城选择自己喜欢的东西，并注册网上银行便可进行交易。你选中的商品就会有人送来，同时网上商城也会自动向你的网上银行扣钱，这样不用上街也可以买到东西。

(4) 网上教学

在 Internet 上，网络大学、网上学校、虚拟学校不断涌现和发展，远程教学课程可以通过网络传至世界各地，远在千里的人们可以同时享受到高质量的教育，一个自我学习、适合个人的教育时代就要真正到来了。

此外，网上娱乐、网上休闲、网上求职、网上求医、网上旅游以及在线服务等，不断改变着人们的生活方式。

### 1.2.2 企业网上信息应用

Internet 在 20 世纪 90 年代初进入商业领域后，在全球范围内得到广泛应用。在现代高速发展的社会里，企业与企业、企业与用户之间的联系日益密切，大量的、复杂的信息交流显得尤为重要。通过 Internet，企业可以与用户及其他企业建立实时互动的信息交换，开展生产、流通、交换、消费各环节的电子商务，最终实现企业经营管理全面信息化。

(1) 树立企业形象

Internet 连接了相当多的网民、企业机构和政府，而且向着更广阔的范围发展，任何一个企业家都不应置身于 Internet 之外。Internet 提供了虚拟的全球性贸易环境，企业面对的是全世界数亿用户，不管企业原来的规模大小如何，企业在 Internet 上起步是一样的，这对于企业，尤其是中小型企业树立企业形象尤为重要。

(2) 建立新型商务模式

电子商务是未来经济发展的大趋势，目标是实现交易信息的网络化和电子化，如使用电子货币，开设网上商店，进行网上商务谈判和使用电子签名签合同等。企业上网为企业提供了新型的与用户进行联系和沟通的方式，减少了企业和消费者中间的流通环节。电子数据交换则减少了中间管理和人员的开销，同时为企业引进了全新的内部管理模式，便于提升企业的管理水平。电子商务亦为企业提供了新型的营销方式，可使企业和消费者从中得到利益。

（3）提供更完善服务

企业上网后可以为客户提供详尽的产品信息或服务介绍，方便客户的信息索取，提供产品或服务的预定和咨询接待，提供售后服务或动态服务状态查询，更高层次地满足客户需求。而且这种服务是全天候的，并且具备了交互手段。

（4）加强企业与客户联系

Internet 是以数字化信息为基础的，信息交换的可靠性也远远超过了常规通信方式。企业上网可以与客户建立实时的交流渠道。企业可以在网站上公开电子邮件地址，使客户能够通过电子邮件向企业发表意见。这些交流可以使客户全面和客观的了解企业和企业的服务及产品，又因为是直接对话，具有增进感情的作用。

此外，企业可以通过 Internet 进行网上采购、网上投标，甚至网上支付、网上报税、网上报关等。

## 1.3 Internet 地址

Internet 将位于世界各地的大大小小的网络互联起来，而这些网络上又有许多计算机接入。用户通过在已联网的计算机上进行操作，与 Internet 上的其他计算机通信或者获取网上信息资源。

为了使用户能够方便而快捷地找到需要与其连接的主机，首先必须解决如何识别网络中主机的问题。

### 1.3.1 IP 地址

地址是每一种网络都要面对的问题，地址用来标识网络中的某个对象，所以也称“标识符”。正如在日常生活中的门牌号码不会重复一样，互联网上每台主机都有唯一的 IP 地址。IP 地址可以标识出 Internet 上的每一台主机，使我们在 Internet 上很方便地寻址，完成彼此间的通信联络。

（1）IP 地址格式

IP 地址由 4 段 0～255 以内的十进制数组成，中间以圆点分隔，如 219.239.25.212，每一个数字对应于 8 个二进制位。IP 地址可以分为两个部分：一部分表示主机所属的网络，即网络号，另一部分代表主机本身，即主机号（见图 1—1）。

| 网络号 | 主机号 |
|---|---|

图 1—1　IP 地址格式

IP 地址分配的原则是，同一网络内的所有主机具有相同的网络号，但每台主机的主机号必须彼此不同，以便能区分出不同的主机。不同网络内主机的网络号必须不同，但可以具有相同的主机号。

由于 Internet 上的 IP 地址必须唯一，所以在将网络和主机接入 Internet 之前，必须先申请合法的 IP 地址，以免产生地址冲突。全球 IP 地址由 ICANN（互联网域名与地址管理机构）负责统一分配和管理。

（2）IP 地址分类

在 Internet 中，不同种类的网络规模差别很大。按照网络规模大小，可以将 IP 地址分类 A 类、B 类、C 类、D 类和 E 类等，其中 A，B，C 三类地址供互联网用户使用，由 ICANN 在全球范围内统一分配。

A 类地址分配给规模较大的网络使用。A 类网络用第一组数字表示网络号，后面三组数字表示连接在网络上的主机号。

B 类地址分配给中等规模的网络使用。B 类网络用第一、第二组数字表示网络号，后面两组数字表示网络上的主机号。

C 类地址分配给小型网络使用。C 类网络用前三组数字表示网络号，最后一组数字作为网络上的主机号。

因为 IP 地址分为四段，我们可以用 W. X. Y. Z 来表示。A，B，C 三类 IP 地址分类比较见表 1—1。

**表 1—1　　　　　　　　IP 地址分类比较**

| 类型 | 网络号 | 主机号 | W 值 | 最大网络数 | 每个网络支持主机数目 |
|---|---|---|---|---|---|
| A | W | X. Y. Z | 1～126 | 126 | 16 777 214 |
| B | W. X | Y. Z | 128～191 | 16 384 | 65 534 |
| C | W. X. Y | Z | 192～223 | 2 097 150 | 254 |

从表 1—1 可以看出，目前使用的 IP 地址系统（IPv4）理论上有大约 43 亿个 IP 地址。随着 Internet 的迅猛发展，主机数量正在急剧增加，它正以很快的速度耗尽目前尚未使用的 IP 地址。

为此，Internet 管理机构正在酝酿新一代的 IP 地址系统(IPv6)。IPv6 具有长达 128 位的地址空间，足以使一个大企业所有的设备如计算机、打印机等连入互联网而不必担心 IP 地址不足，彻底解决目前 IP 地址不足的问题。

### 1. 3. 2　域名地址

由于数字形式的 IP 地址难以记忆，于是人们便使用文字形式来代替 IP 地址，这就是域名地址。

(1) 域名概念

域名由几组英文字母或数字组合而成，并分别代表一定的意义。如劳动和社会保障部的域名地址为 www. molss. gov. cn，其中 cn 代表中国，gov 代表政府部门，molss 代表劳动和社会保障部，而 www 则代表为 www 主机。

一个完整的域名由两个或两个以上部分组成，各部分之间用英文的句号隔开，从右往左依次为一级域名（顶级域名）、二级域名、三级域名等。如域名 sina. com. cn 由三部分组成。其中 cn 为一级域名，com 为二级域名，sina 为三级域名。

顶级域名由 ICANN 定义，分为通用顶级域名、国家/地区顶级域名和国际顶级域名三种。常见顶级域名见表 1—2。

**表 1—2　　　　　　　　常见顶级域名**

| 地区代码 | 国家/地区 | 域名代码 | 意义 |
|---|---|---|---|
| cn | 中国 | com | 商业组织 |
| hk | 中国香港 | edu | 教育机构 |
| tw | 中国台湾 | gov | 政府部门 |
| us | 美国 | org | 非营利组织 |
| jp | 日本 | net | 网络支持中心 |

（2）域名系统

人们为了方便，通常使用域名地址相互联系，而计算机之间则使用 IP 地址进行通信，可见域名与 IP 地址之间存在一种对应关系。在互联网中采用域名系统（DNS）将域名地址解析为 IP 地址。

域名地址和用数字表示的 IP 地址实际上是同一个东西，只是外表上不同而已。用户经常见到的是域名地址，碰到 IP 地址的机会并不多。在访问一个站点的时候，用户可以输入这个站点用数字表示的 IP 地址，也可以输入它的域名地址。

在互联网上，域名服务器负责将域名转换成网络可以识别的 IP 地址。如当用户上网时输入一个域名地址，如 http://www.baidu.com，主机与域名服务器建立连接，将域名地址传送给域名服务器。域名服务器经过查找，将对应的 IP 地址 220.181.27.5 回送给主机，然后由主机访问该 IP 地址所表示的站点。

## 练　习　题

1. 你是如何理解 Internet 的？它有什么特点？

2. Internet 的发展经历了哪些主要阶段?

3. 结合实际,谈谈 Internet 在日常生活中有哪些应用。

4. 简述域名系统的组成并举例说明它的工作过程。

# 第 2 章　进入 Internet

**本章培训要求**

通过本章的学习，要求培训对象了解常用 Internet 接入方式及其特点，初步掌握 IE 浏览器使用方法，了解超文本、超文本传输协议和统一资源定位器等基本概念。

## 2.1　常见接入方式

用户要利用 Internet 上的资源，享受 Internet 提供的服务，必须首先将自己的计算机接入 Internet。据 CNNIC 第十七次报告显示，到 2005 年 12 月底，我国互联网接入方式和用户人数分别为：拨号上网 5 100 万人、专线上网 2 910 万人、宽带上网 6 430万人。

### 2.1.1　拨号接入

拨号接入是指通过普通电话线，使用 Modem（调制解调器）拨号上网的方式。用户只需具备一台计算机、普通的通信软件、一台 Modem 和一条电话线，即可拨号上网（见图 2—1）。

拨号上网是目前使用较为普遍的 Internet 接入方式，不受地区限制，能够在任何可以打电话的地方进行连接，但它的速度是最慢的。一般来说，如果用户只是收发电子邮件，看新闻，在论坛上发表意见或问题等，使用拨号上网已经够用了。

拨号上网比较经济，适于业务量小的单位和个人使用。但这种接入方式远远不能够满足宽带多媒体信息的传输需求。随着宽带的发展和普及，这种接入方式将被淘汰。

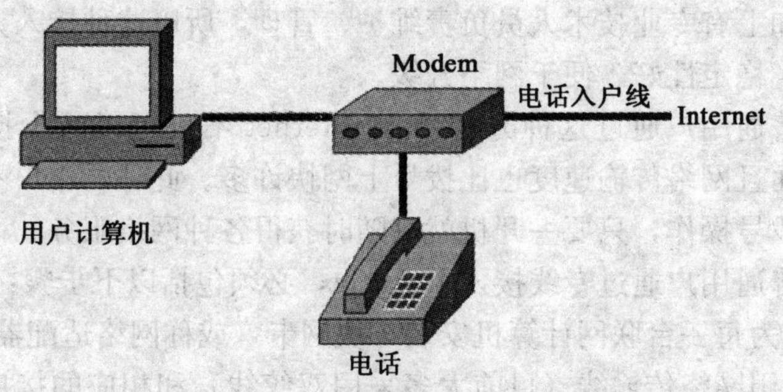


图 2—1　拨号接入方式示意图

### 2.1.2　专线接入

专线接入是指用户连接到一个已经接入 Internet 的计算机局域网（也称以太网），通过该局域网的服务器访问 Internet。局域网服务器通过光纤接入 Internet，普通用户的计算机通过双绞线接入相应的网络设备就可实现上网。专线接入方式示意图（见图 2—2）。

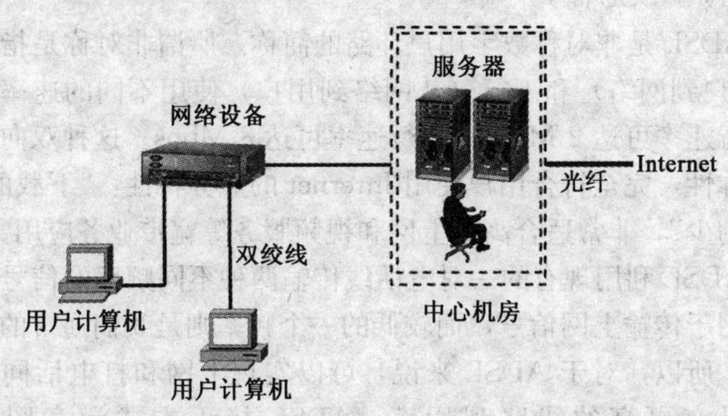


图 2—2　专线接入方式示意图

目前，许多机关、公司、学校、居民小区或网吧都拥有自己的计算机局域网，并且大多已通过租用电信专线与 Internet 相连接，加上有专业技术人员负责维护、管理，所以这种接入方式成本低、稳定性好、便于网络升级。

普通用户通过这种方式接入 Internet 不仅可以减少接入费用，而且网络传输速度也比拨号上网快许多。此外，用户不需要任何拨号操作，只要一开机就可随时获得各种网络服务。

普通用户通过专线接入 Internet，必须包括以下步骤：

▪ 为每一台联网计算机安装一块网卡（或称网络适配器）；

▪ 用网络传输线（目前大多采用双绞线）和相应的接口将用户的计算机接入本地局域网；

▪ 安装网卡驱动程序和网络协议；

▪ 设置 IP 地址属性。

### 2.1.3 宽带接入

宽带接入主要指 xDSL 接入和有线电视接入等方式。其中 ADSL 是一种通过普通电话线提供宽带数据业务的技术，是目前应用最广泛、最成熟的宽带接入技术之一。

（1）ADSL 简介

ADSL 是非对称数字用户环路的简称。所谓非对称是指上行（从用户到网络）和下行（从网络到用户）使用不同的速率。一般上行速率可达 2 Mbps，下行速率可达 8 Mbps。这种双向速率不对称性，完全符合用户使用 Internet 的业务特性："下载的多，上传的少"，非常适合高速上网和视频服务等宽带业务应用。

ADSL 利用现有的一对电话线传输两种不同频率的信号，高频率用于传输上网信号，而较低的一个频率则是我们通常的电话频率。所以，对于 ADSL 来说，可以实现上网和打电话同时进行，具有更高的线路利用率。ADSL 接入方式示意图（见图 2—3）。

ADSL 素有"网络快车"之美誉，因其下行速率高、频带宽、性能优、安装方便、不需交纳电话费等特点而深受个人用户喜爱。

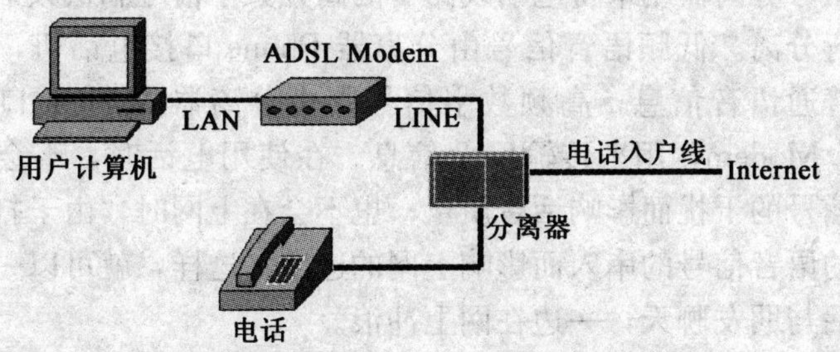


图 2—3　ADSL 接入方式示意图

（2）ADSL 接入准备

ADSL 接入方式比普通拨号上网要复杂一些。首先要将电话线连上信号分离器，信号分离器与 ADSL Modem 之间用一条两芯电话线连接，ADSL Modem 与计算机的网卡之间用一条双绞线连通即可完成硬件安装，如图 2—3 所示。然后安装 ADSL 虚拟拨号软件，再将 TCP/IP 协议中的相关参数设置好，便可完成安装工作。

由此可见，ADSL 接入 Internet，需要准备以下设备：

- 一台安装了 Windows 98/2000/XP 的计算机；
- 一块网卡及网卡驱动程序；
- 一个 ADSL Modem 及虚拟拨号软件；
- 一个信号分离器；
- 一根两端做好 RJ-45 头的双绞线。

（3）硬件安装

第一步：安装网卡。

首先打开计算机机箱，在计算机中安装一块网卡。该网卡是专门用来连接 ADSL Modem 的，用于在计算机和 ADSL Modem 间建立一条高速传输数据通道。如采用 USB 接口的 ADSL Modem，则不必打开机箱安装。

第二步：安装信号分离器。

信号分离器用来将电话线路中的高频数字信号和低频语音信号进行分离。低频语音信号由分离器 Phone 口接电话机，用来传输普通语音信息；高频数字信号则由分离器 Modem 口接入 ADSL Modem，用来传输网上信息。在使用电话时，不会因为高频信号的干扰而影响话音质量；也不会在上网时，由于打电话产生的语音信号的串入而影响上网的速度。这样，就可以一边通过电话与朋友聊天，一边在网上冲浪。

安装时，先将电话线接入信号分离器的输入端，然后再用一条电话线一端连接信号分离器的语音信号输出口，另一端连接电话机。

第三步：安装 ADSL Modem。

将分离器 Modem 口过来的电话线接入 ADSL Modem 的 Line 插孔，再用一根 RJ-45 头的双绞线，一头连接 ADSL Modem 的 LAN 插孔，另一头连接计算机网卡中的插孔。打开计算机和 ADSL Modem 的电源，如果两边连接网线的插孔所对应的指示灯都亮了，就表示硬件连接成功。

（4）虚拟拨号软件安装

ADSL 接入方式可分为两种：一是采用专线接入方式，用户拥有固定的 IP 地址，24 小时在线；二是采用虚拟拨号方式，虚拟拨号并非是真正的电话拨号，而是用户输入账号、密码，通过身份验证，获得一个动态的 IP 地址，用户可以掌握上网的主动性。

专线接入方式设置相对比较简单，只要安装好网卡，把电话线、ADSL Modem 及计算机连接好，再设置 IP 地址等参数，就可以上网了，不需要其他的拨号软件。

对于虚拟拨号方式，若计算机使用 Windows 98/2000 操作系统还需要安装第三方软件连接 Internet。目前常用的虚拟拨号软件有 EnterNet，WinPoET 和 RASPPPoE 等。

若使用的是 Windows XP 操作系统，可使用其自带的拨号软件。下面以 Windows XP 为例，介绍其拨号软件使用方法。

第一步：在 Windows XP 系统桌面上，单击“开始→所有程序→附件→通讯→新建连接向导”，显示如下信息窗口（见图 2—4），单击“下一步”按钮。

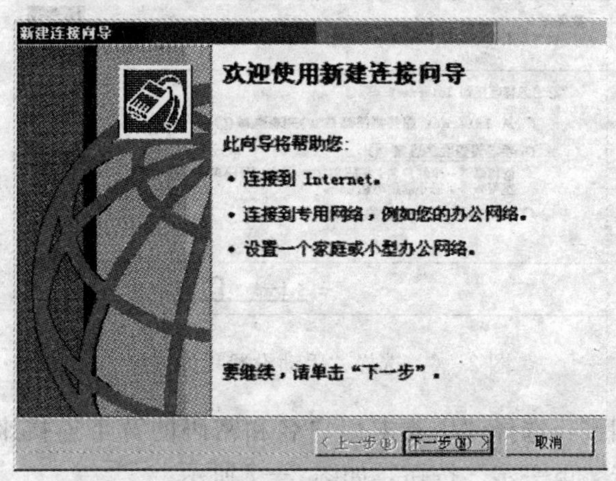


图 2—4　“新建连接向导”对话框

第二步：选择“连接到 Internet”，然后单击“下一步”按钮，如图 2—5 所示。

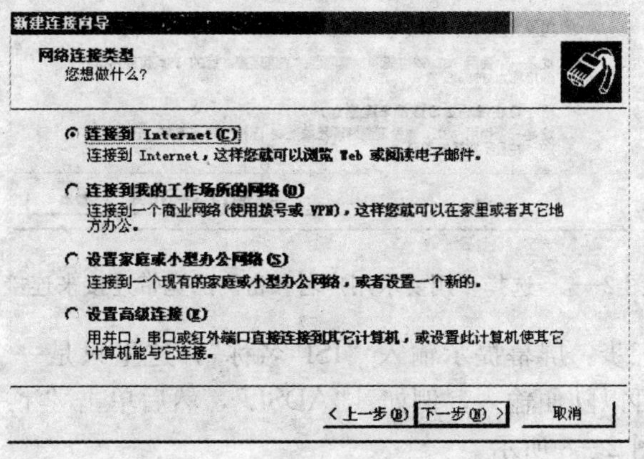


图 2—5　选择“网络连接类型”

第三步：选择“手动设置我的连接”，然后单击“下一步”按钮，如图 2—6 所示。

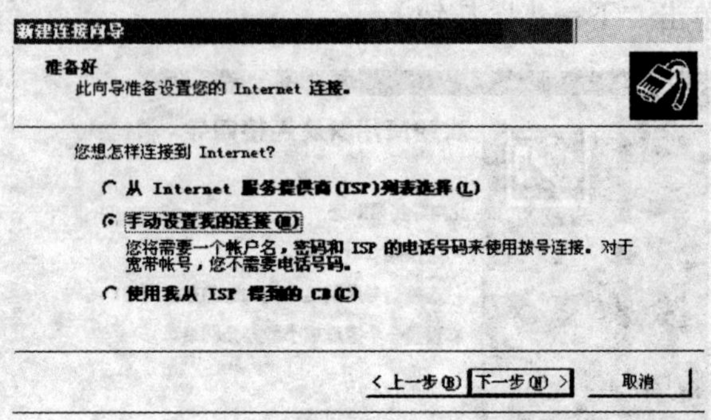


图 2—6　选择“手动设置我的连接”

第四步：选择“用要求用户名和密码的宽带连接来连接”，然后单击“下一步”按钮，如图 2—7 所示。

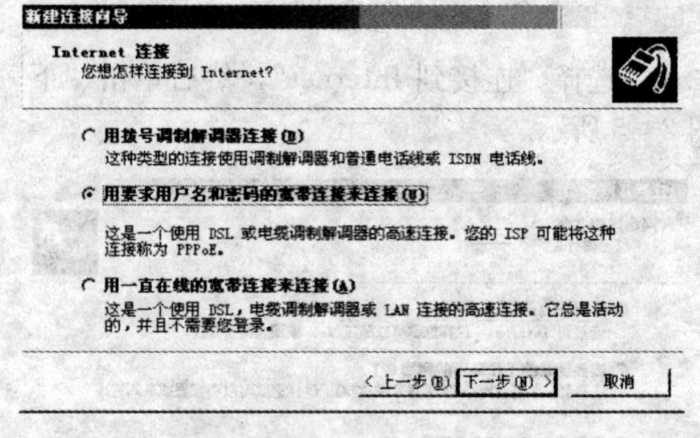


图 2—7　选择“用要求用户名和密码的宽带连接来连接”

第五步：屏幕提示输入“ISP 名称”，这里只是一个连接的名称，可以随便输入，例如：“ADSL”，然后单击“下一步”按钮，如图 2—8 所示。

第六步：然后输入电信部门提供给的 ADSL 用户名和密码，

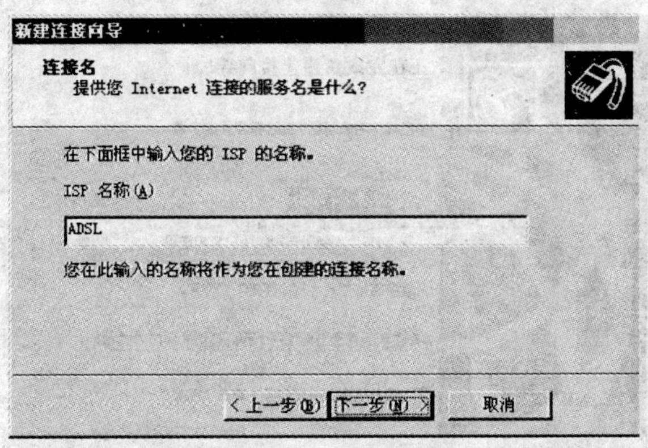


图 2—8　输入连接名称

并根据提示对上网连接进行 Windows XP 的其他一些安全方面设置，然后单击“下一步”按钮，如图 2—9 所示。

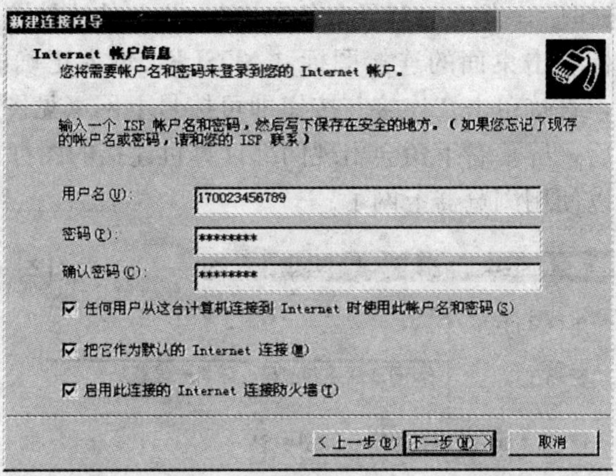

图 2—9　输入 ADSL 用户名和密码

第七步：然后在“在我的桌面上添加一个到此连接的快捷方式”前打钩，再单击“完成”按钮，于是此连接建立完毕，如图 2—10 所示。

图 2—10　完成虚拟拨号设置

至此 Windows XP 的 ADSL 虚拟拨号设置就完成了。单击“完成”按钮后，桌面上多了个名为“ADSL”的连接图标。

用鼠标双击桌面的连接图标“ADSL”，输入正确的用户名和密码后，直接单击“连接”按钮即可拨号上网（见图 2—11）。连接成功后，屏幕右下角会出现两部计算机连接的图标。连接成功后就可以使用浏览器上网了。

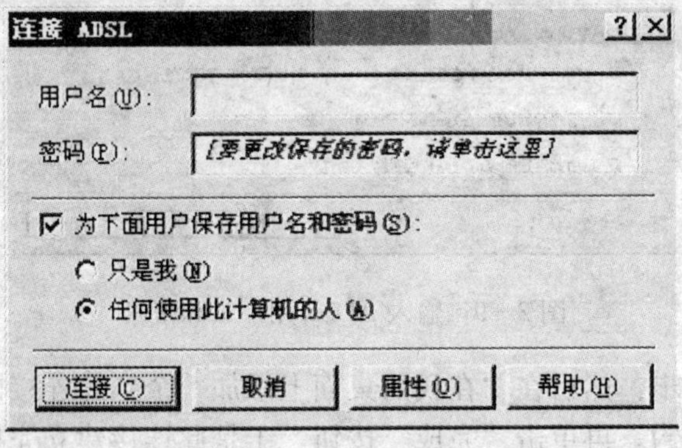

连接 ADSL
用户名(U):
密码(P): [要更改保存的密码，请单击这里]
为下面用户保存用户名和密码(S):
只是我(N)
任何使用此计算机的人(A)
连接(C)　取消　属性(O)　帮助(H)

图 2—11　“连接 ADSL”对话框

## 2.2 WWW与浏览器

正如第一章所述，Internet现在已经成为世界上最大的信息资源库。面对如此丰富的信息资源，用户一方面兴趣盎然，另一方面却有些望而生畏，因为进行信息检索时常常感到无从下手。

为了充分利用Internet上的信息资源，迫切需要一种更加方便、快捷的信息浏览和查询工具。在这种情况下，WWW（World Wide Web，万维网或环球网）诞生了。它的出现使Internet上的用户获取信息的手段有了本质上的改善。

### 2.2.1 WWW

WWW是以Internet为依托，并以超文本标记语言HTML和超文本传输协议HTTP为基础，向用户提供统一访问界面的Internet的信息组织系统。WWW采用超文本和超媒体的信息组织方式，并将信息之间的链接扩展到整个Internet。WWW是目前Internet上发展最快、应用最广的信息组织与访问机制，同时反过来又极大地促进了Internet的发展。

（1）WWW的工作机制

WWW采用基于客户机/服务器的工作模式，由客户机、服务器和超文本传输协议HTTP三部分组成。

客户机运行Web客户程序，提供良好的用户界面，负责将用户的查询请求送给服务器。服务器上存储大量的Web页面并连接后台数据库，随时等待响应客户端发来的请求，并在执行查询后将结果返回给客户机，由客户机转换成所需要的形式显示给用户。

事实上，一个客户机可以向许多不同的服务器请求，而服务器也可以向多个不同的客户机提供服务。

协议是客户机请求服务器和服务器如何应答请求的各种方法的定义。客户机与Web服务器的交互是通过超文本协议HTTP来完成的。

（2）WWW 的特点

WWW 的主要特点是：

▪ 提供直观的、统一的、易于使用的图形用户界面；

▪ 以超文本方式组织 Internet 上的各种信息，用户不必关心这些信息的具体物理位置；

▪ 用户利用它可在世界范围内任意查找、检索、浏览 Internet 上的信息；

▪ 各网站和 Web 页面之间可以相互链接，以此提供各种信息的透明访问。

WWW 的成功在于它制定了一套标准的、易为人们掌握的超文本标记语言、信息资源的统一格式定义和超文本传输协议。要真正理解和运用 WWW，必须先了解超文本、超媒体、超链接、URL 及浏览器等概念。

### 2.2.2 超文本、超媒体与超链接

人类的思维是联想式的。例如“夏天”一词，不同的人或同一个人在不同的时间、地点所产生的联想，其结果是千差万别的：

夏天→游泳→大海→鱼→吃饭→餐具

夏天→太阳→星星→天文学→望远镜

如果信息也按非线性的联想跳跃结构进行组织，将有助于提高人们获取知识和处理信息的效率。超文本就是一种基于人类联想式思维的信息处理技术。

WWW 是一个基于超文本的信息系统，它采用超文本技术组织和管理各种信息，通过超链接将多媒体文档中的各个信息单元相互链接在一起。例如，将文章中各种令人费解的名词设置成超链接，在上下文之间链接起来。用户点击该超链接，便可切换到对该名词的解释部分，这无疑给阅读和理解带来了极大的方便。

超文本所具有的这种超媒体、超链接特性比较适合人类的思

维过程。人类的思维具有联想性和跳跃性，当看到一类事物时很自然联想到与其相关的另一类事物。例如在新闻记者报道某位电影艺术家的生平时，当看到有关他主演的一部影片介绍时，很自然地会想看一看他在该影片中的剧照、一段电影剪辑或录音。采用超链接是很容易做到的，因为在各类对象之间可以建立链接关系。当阅读其中一类对象时，只需在所建立的链接上单击鼠标就可以切换到另一类对象。

各链接对象可以位于同一个文档，也可以属于不同文档，并且这些不同文档可能还相距很远。例如声音信息存储在美国，图像信息存储在法国，视频信息存储在日本，而文本信息存储在中国。尽管这些地方相距甚远，但超链接技术能够将其有机地结合在一起，人们在浏览过程中几乎感觉不到这种地域上的距离。可见，这种超链接方式是不受地域限制的。

### 2.2.3　统一资源定位器

正如在计算机中查找某个文件需要指明路径一样，在WWW中浏览超文本文档也要有一种机制保证准确定位，这就是统一资源定位器（URL），也称“网址”。通过URL可以访问Internet上任何一台主机或者主机上的文件。URL是一个使用数字和字母按一定顺序排列的字符串，包含有被访问资源的类型、服务器的地址以及文件的位置等。

URL的一般格式是：

访问协议：//域名：端口号/路径/文件名

例如http：//www.microsoft.com/index.html是一个标准的URL，其含义是连接到www.microsoft.com这台主机，并利用http协议获取index.html这份文件。

其中URL的第一部分http：//表示的是访问协议。在网上，几乎总是使用http（超文本传输协议），有时也使用ftp（文件传输协议），主要用来传输软件和大文件（许多软件下载的网站就使用ftp作为下载的网址）。

第二部分是 www. microsoft. com。这是主机的域名，表示要访问的文件存放在名为 www. microsoft. com 的服务器里。

事实上，用户并不需要记住所有页面的 URL，因为一个页面的 URL 往往包含在另一个页面所提供的链接信息中。当把鼠标指针移动到一个链接时，浏览器已经知道所要链接资源的 URL，甚至不需要记住任何 WWW 主机域名和 IP 地址，因为浏览器启动后会自动进入预先设定的启动主页，以此为起点漫游 Internet 就可以了。

### 2.2.4 网页与浏览器

目前，许多机构、公司、学校、团体甚至个人建立了自己的 Web 站点，通过它让全世界了解自己。这些站点通过 IP 地址或者域名进行标识。每个 Web 站点包含有各种各样的文档，通常称作网页或 Web 页。网页上可以显示文字、图片，还可以播放声音和动画。每一个网页都具有唯一的 URL 地址，通过该地址可以找到相应的文档。而访问网页，必须使用专门的浏览器软件。

浏览器是一种 WWW 客户程序，用户使用它来浏览 Internet 上的各种网页。浏览器最基本的目的在于让用户在自己的计算机上检索、查询、获取 Internet 上的各种资源。

由于 Internet 正处在日新月异的飞速发展阶段，浏览器每天都被使用它的人赋予新的含义，使得浏览器的功能也在不断的扩充和更新。目前的浏览器功能已经非常强大，不仅可以浏览各种网页，还可以访问 Internet 上几乎所有类型的信息。归纳起来这些功能主要包括：

- 检索查询功能。浏览器读入 HTML 文档，解释 HTML 所描述的图像、声音、动画，以及进一步的链接信息，利用 HTTP 协议，可在任意 Web 服务器上畅游；
- 以浏览网页的形式直接访问电子邮件服务器，收发和处理电子邮件；

▪ 在浏览某些网页时直接下载所需的文本、图形、音乐、电影等；

▪ 在浏览器地址栏中输入 URL，访问指定的 FTP 服务器，进行文件传输。

目前市面上已有几十种功能不同的浏览器，大多为免费或共享软件，可以在 Internet 上方便地获取。代表性的浏览器有 Microsoft Internet Explorer（以下简称 IE）、Opera 和 Mozilla Firefox 等，它们适用于各种不同的环境。其中最为流行和普及的是 IE 浏览器，它借助于和 Windows 操作系统捆绑的优势，占有了绝大部分的市场份额。

## 2.3 浏览器的使用

### 2.3.1 启动 IE 浏览器

IE 浏览器是 Microsoft 公司在其 Windows 操作系统中集成的一个浏览器软件，目前使用的版本主要有 IE 5.0，IE 5.5，IE 6.0。

安装 IE 浏览器后，在 Windows 桌面上和任务栏的“快速启动”工具栏中都有一个 IE 图标（见图 2—12）。

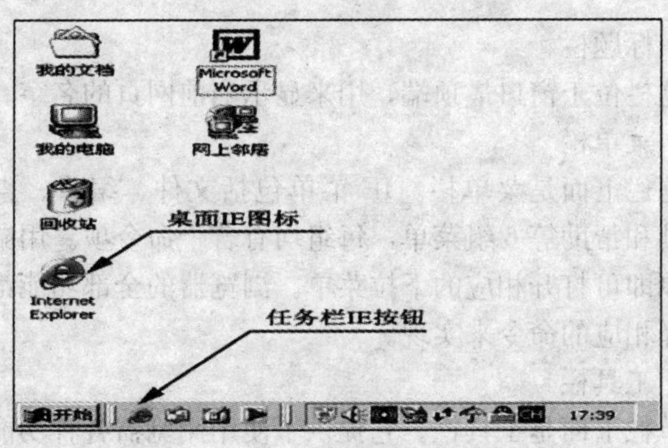


图 2—12　Windows 桌面

用户双击桌面上的 IE 图标或单击“快速启动”工具栏中 IE 图标，即可启动 IE 浏览器。

### 2.3.2 认识 IE 窗口

启动 IE 浏览器后，屏幕出现 IE 主窗口。IE 窗口主要由标题栏、菜单栏、工具栏、地址栏、浏览区域和状态栏组成，如图 2—13 所示。

图 2—13 IE 窗口

（1）标题栏

标题栏位于窗口最顶端，用来显示当前网页的名字。

（2）菜单栏

标题栏下面是菜单栏。IE 菜单包括文件、编辑、查看、收藏、工具和帮助等 6 组菜单，每组均有若干命令项。用鼠标单击某组菜单即可打开相应的下拉菜单。浏览器的全部功能都可在菜单中选择相应的命令来实现。

（3）工具栏

菜单栏下面是工具栏。它提供了使用浏览器各种功能的工具按钮，尽管这些按钮的功能与相应的菜单命令相同，但使用更加方便快捷。

工具栏包括后退、前进、停止、刷新、主页、搜索、收藏、历史、频道、全屏、邮件、打印和编辑等工具按钮。当鼠标指针移到某一按钮上时，该按钮会从黑白变为彩色，单击某个按钮，即可执行相应的操作。

工具栏各按钮及其功能对照见表 2—1。

**表 2—1　　IE 标准按钮及其功能对照表**

| 按钮 | 功能说明 |
|---|---|
| 后退 | 转到上次查看过的网页 |
| 前进 | 转到下一个网页 |
| 停止 | 停止当前网页下载 |
| 刷新 | 更新当前显示的网页（重新下载当前显示的页面） |
| 主页 | 跳转到主页 |
| 搜索 | 打开列出有效搜索引擎的网页 |
| 收藏 | 显示常用的网页列表 |
| 历史 | 显示最近访问过的站点的列表 |
| 频道 | 显示所能选择的频道的列表 |
| 全屏 | 使用较小的标准工具栏并隐藏地址栏，使更多的屏幕部分可见 |
| 邮件 | 打开 Outlook Express 或 Internet News |
| 打印 | 打印当前网页 |
| 编辑 | 启动默认网页编辑器，编辑当前网页 |

（4）地址栏

地址栏主要显示当前网页的 URL 地址，或将要打开网页的 URL 地址。用户可在地址栏中输入 URL 地址，例如输入搜狐的 WWW 服务器地址 www. sohu. com，键入后再按回车键，将直接进入该地址指向的网页。

（5）页面浏览区

窗口中最大的部分是页面浏览区，显示当前网页的信息。浏览区的右边有垂直滚动条，当网页的内容一屏显示不完时，可以拖动滚动块或单击上下箭头来向上或向下滚动屏幕。

页面浏览区支持鼠标右键操作。无论在浏览区的任何位置单击鼠标右键，都会弹出一个快捷菜单，但不同位置弹出的快捷菜单是不同的。例如在图片处单击鼠标右键，会弹出有关图片操作的快捷菜单，包括图片的打印、复制和下载等。

（6）状态栏

窗口最下面的部分是状态栏，用于显示当前网页的附加信息。当把鼠标指针移向某一个链接时，状态栏中就会显示要链接的目标。在网页下载过程中，状态栏用直方图显示下载进程。如果网页文件包括多个图片、图形元素、声音片断或其他文件，状态栏中将会显示当前传输的文件名。一些网页中包含有特殊的说明，它们也可以在状态栏中滚动显示。

### 2.3.3 浏览 WWW 网页

启动 IE 浏览器后，用户就可以通过以下几种方法浏览想要查看的 WWW 网页了：

- 输入 URL 地址浏览 WWW 网页；
- 通过超链接浏览 WWW 网页；
- 通过历史记录浏览 WWW 网页。

（1）输入 URL 地址浏览 WWW 网页

从报纸、杂志、电视、E-mail 或其他渠道发现有用的站点地址后，用户就可以在 IE 地址栏中输入它的 URL 地址对其进行访问。例如输入 http：//www. sina. com. cn，即可看到“新浪首页”，如图 2—14 所示。

如果 URL 地址中没有包括 URL 类型，那么 IE 就假定用户想要查找 WWW 网页或其他 HTML 文件，并在 URL 前面自动加上“http：//”。因此输入“www. 163. com”或“http：//www. 163. com”将会得到完全相同的 WWW 网页。

另外，IE 的自动完成功能可以简化 URL 地址的输入。它根

图 2—14　新浪首页

据以前的历史记录来预测用户在地址栏中将要输入的 URL 地址，被预测的 URL 地址呈高亮状态显示。如果用户欲输入的内容与预测的地址一致，那么用户可直接按回车键访问该网页，否则用户只要继续输入即可覆盖由自动完成功能预测的地址。

（2）通过超链接浏览 WWW 网页

WWW 网页通常包含转到其他网页、文件或其他联机服务的指针链路，即超链接。它可以是图片或彩色文字（通常带下划线）。通过超链接进入新网页的方法很简单，用户先把鼠标指针移到某个超链接上，这时，鼠标箭头形状变成一个手掌，该超链接所指向的 URL 地址同时出现在屏幕底部的状态栏中。此时，只要单击一下鼠标，便可进入该链接所指向的另一个页面或者进入一个新的 Web 站点。

例如想查看本地今明两天天气情况，可在“新浪首页”中，点击“天气”超链接，即可转到“天气预报”网页，选择相应的地区，即可查到今明两天天气情况。

大多数超链接以蓝色文本出现。一旦用户单击一个链接，它就会改变为紫色，目的是为了让用户很容易地发现自己已经看过哪些内容。有些网页可能使用多种其他颜色而非蓝色和紫色，这取决于网页对颜色的定义和用户对浏览器外观的设置。

IE 浏览器允许同时打开多个网页。在 IE 主窗口中执行“文件→新建→窗口”命令，即可打开另一个新的浏览窗口。在这个新窗口的地址栏中输入 URL 并回车，此时两个浏览窗口将同时工作。当用户浏览某一网页时，如果想访问页面中某一超链接所指向的新页面而又不希望中止对当前网页的显示，可以先按住 Shift 键，然后再单击网页中的超链接，这时将打开一个新浏览窗口来显示该超链接所指向的页面。

在浏览网页的过程中，用户如果要回到上一页，可单击工具栏上的“后退”按钮，如果想向后返回多页，可单击“后退”按钮旁边的向下箭头，打开一个列表，从列表中选择一个最近访问过的网页标题，即可返回到所指定的网页。

依此类推，如果想转到下一个网页，用户可单击工具栏上的“前进”按钮。如果要向前跳过多页，可单击“前进”按钮旁边的向下箭头，从弹出的下拉列表中选择要进入的网页。

(3) 通过历史记录浏览 WWW 网页

IE 能够跟踪并记录用户最近访问过的网页，并将这些网页的链接保存起来。要查阅曾经访问过的全部网页的详细列表，可单击工作栏上的“历史”按钮。这时，在浏览器窗口左边会出现一个“历史记录”浏览栏，按照日期顺序列出用户几天或几周前曾经访问过的 Web 站点记录，最多可以跟踪三个月以内访问的站点。要关闭“历史记录”浏览栏，只需单击该窗口中“历史记录”字样右侧的关闭按钮，或再次单击工具栏上的“历史”按钮即可。

通过历史记录浏览 WWW 网页的具体步骤如下：

1) 从“历史记录”浏览栏中选择某一天，将显示出当前曾访问过的站点；

2) 单击某个站点，查看曾访问过的网页；

3) 单击某一感兴趣的网页标题即可进入该网页。

## 练　习　题

1. 目前常用的接入 Internet 方式有哪些?
2. 简述 ADSL 接入方式软硬件安装过程。
3. 简述 IE 浏览器窗口各部分名称及其作用。
4. IE 浏览器工具栏中有哪些常用按钮? 各有什么作用?

# 第3章　畅游信息海洋

**本章培训要求**

通过本章的学习，要求培训对象进一步掌握 IE 浏览器的使用方法，学会查找和保存相关网络资源的基本方法，具备网络信息搜索的基本能力。

## 3.1　搜索引擎

漫步烟波浩渺的网络世界，在信息的海洋里查找信息，就像在大海里捞针一样。如何快速找到所需要的资源是每个用户的大问题。利用搜索引擎就可以解决这个问题。

### 3.1.1　搜索引擎基础

搜索引擎是指互联网上专门提供查询服务的网站。这些网站通过复杂的网络搜索系统，将互联网上大量网站的页面收集到一块，经过分类处理并保存起来，从而能够对用户提出的各种查询做出响应，提供用户所需的信息。搜索引擎是打开网络之门的钥匙，是发掘和利用网络资源最有效的工具。

一般说来，搜索引擎的工作包括收集信息、分析信息和查询信息三个过程：

（1）在 Internet 中发现、搜集网页信息；

（2）对信息进行提取和组织并建立索引库；

（3）由检索器根据用户输入的查询关键字，在索引库中快速检索出文档，进行文档与查询相关度的评价，对将要输出的结果进行排序，再把查询结果返回给用户。

按照信息搜集方法和服务提供方式的不同，搜索引擎可分为两大类：一类是分类目录搜索，另一类是基于关键词的搜索。

### 3.1.2 分类目录搜索

分类目录搜索的整个过程也同样分为收集信息、分析信息和查询信息三部分，只不过收集信息、分析信息两部分主要依靠人工完成。分类目录搜索一般有专门的编辑人员，负责收集网站的信息。随着收录站点的增多，现在一般都是由站点管理者递交自己的网站信息给分类目录，然后由分类目录的编辑人员审核递交的网站，以决定是否收录该站点。如果该站点审核通过，分类目录的编辑人员还需要分析该站点的内容，并放在相应的类别和目录中。

分类目录就像一个电话号码簿一样，按照各个网站的性质，将其网址分门别类排在一起，大类下面有小类，一直到各个网站的详细地址，只要找到相关目录，就完全可以找到相关的网站。

分类目录搜索引擎的代表有雅虎中国分类目录（http：//cn. yahoo. com）、新浪分类目录（http：//dir. sina. com. cn）、搜狐分类目录（http：//dir. sogou. com）、网易分类目录（http：//dir. so. 163. com）。

下面以新浪分类目录为例，学习分类目录搜索的基本用法。

农村青年小王想进城务工，想查看一下各地就业信息，避免外出务工的盲目性，正确选择务工地和出行时机。经过几天培训，他掌握了相关的上网知识。于是开始了下列操作：

第一步：启动浏览器，输入新浪网址 www. sina. com. cn，进入“新浪首页”。在“新浪首页”中，点击“搜索”超链接（见图 3—1），进入“新浪搜索引擎”页面。

第二步：在“新浪搜索引擎”页面中点击“分类目录”，进入“新浪分类目录”页面（见图 3—2）。

新浪分类目录目前共有娱乐休闲、求职与招聘、艺术、政法军事等 18 个大类目，用户可按目录逐级向下浏览，直到找到所需网站。

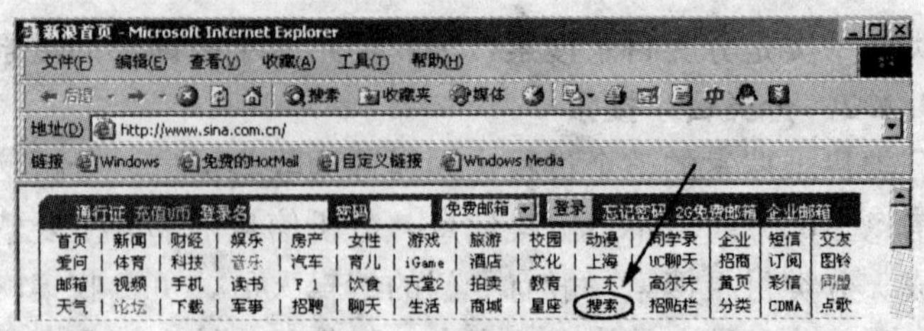


图 3—1　新浪首页

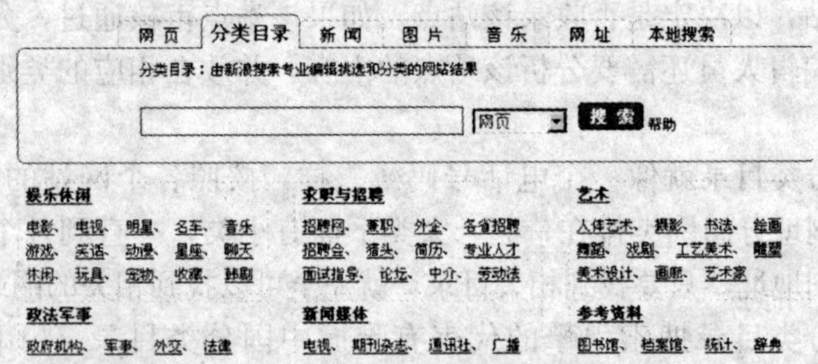


图 3—2　新浪分类目录页面

第三步：在分类目录中依次点击“政法军事→政府与国家机构→中央政府/组织机构→国务院各部委”，进入相应页面。在“国务院各部委”页面中，就可以看到“劳动和社会保障部”的超链接（见图 3—3）。

第四步：在“国务院各部委”页面中，点击“劳动和社会保障部”超链接，进入“劳动和社会保障部”首页（见图 3—4）。

第五步：在“劳动和社会保障部”首页的“新闻动态”栏目中，很快就能找到最新的劳动力市场供求信息，如“2005 年四季度部分城市劳动力市场职业供求状况”“2005 年第四季度部分城市劳动力市场供求状况分析”。

通过“地方信息”栏目，小王还访问了北京、上海和广东等各地劳动和保障部门网站，得到了自己需要的信息。

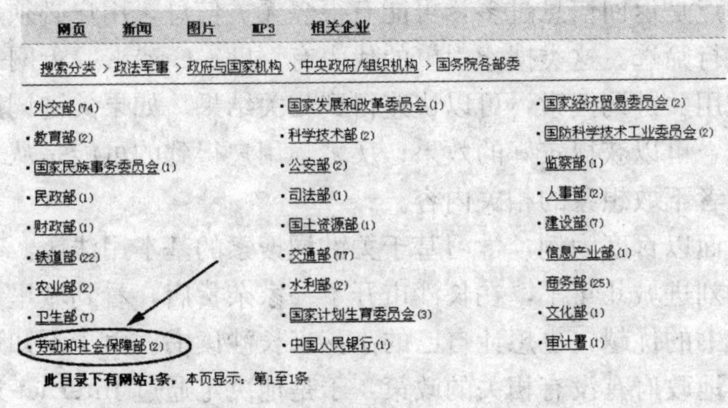


图 3—3 国务院各部委分类页面

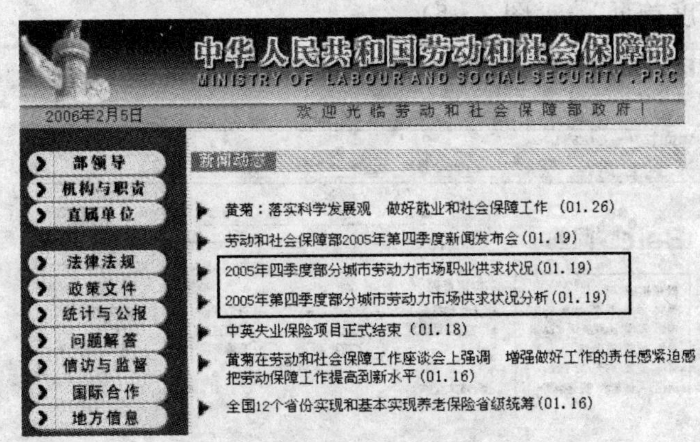


图 3—4 劳动和社会保障部首页

### 3.1.3 基于关键词搜索

关键词是用来描述网页页面内容的文字。基于关键词搜索是指用户可以用逻辑组合方式输入各种关键词，搜索引擎根据这些关键词寻找用户所需资源的地址，然后根据一定的规则反馈给用户包含此关键词信息的所有网址和指向这些网址的链接。

这类搜索引擎的优点是信息量大、更新及时、无须人工干预，缺点是返回信息过多，可能有很多无关信息，用户必须从结果中进行筛选。这类搜索引擎的代表有百度、Google、天网等。

使用关键词搜索，可以快速得到相关结果。如果关键词选择的恰当，可以获得较好的效果；反之，用户得到的可能是从未想过，或者不敢想象的相关内容。

下面以百度为例，学习基于关键词搜索的基本用法。

小刘进城几年了，在长沙市开了一家杂货店，看到城里学校孩子读书的优越，也想让自己的小孩来长沙读书。由于不知道国家和当地政府有没有相关的政策，于是他决定通过 Internet 进行查询。

第一步：启动浏览器，输入百度网址 www. baidu. com，进入“百度首页”（见图 3—5）。

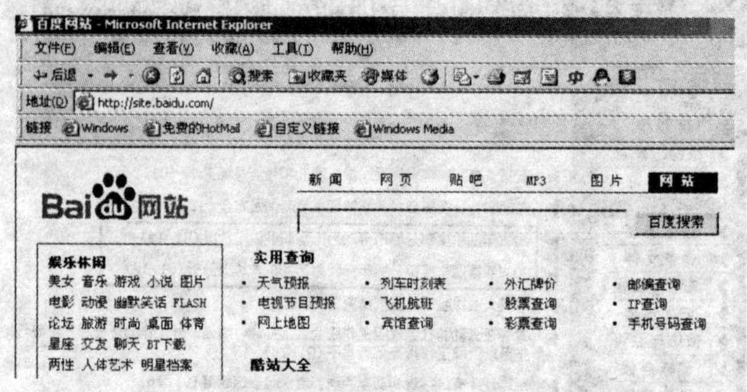


图 3—5　百度首页

第二步：在“百度首页”搜索栏中输入“子女入学”关键词，点击“百度搜索”按钮，得到相应的搜索结果页面（见图 3—6）。

通过对搜索结果页面分析，小刘发现得到的搜索结果太多，范围太大，而且许多信息与进城务工人员无关。能不能缩小搜索范围，使搜索结果更加符合自己的搜索意图？于是他开始了下一步操作。

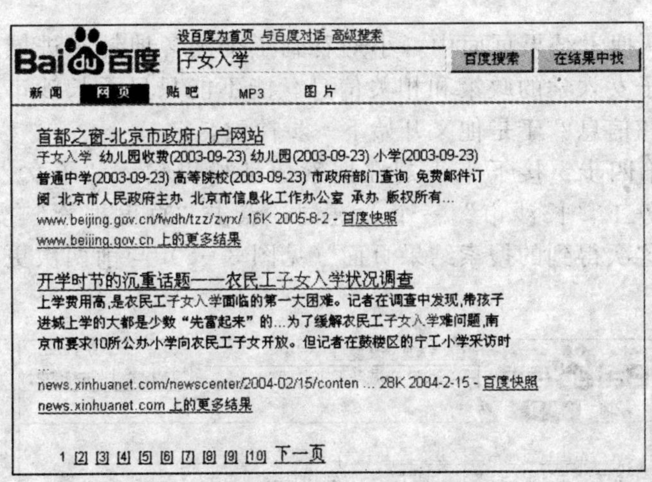


图 3—6　“子女入学”搜索结果页面

第三步：这次小刘试着在搜索地址栏里输入“子女入学，进城务工”两个关键词，点击“百度搜索”按钮，发现得到的搜索结果页面（见图 3—7）与上次不一样了。

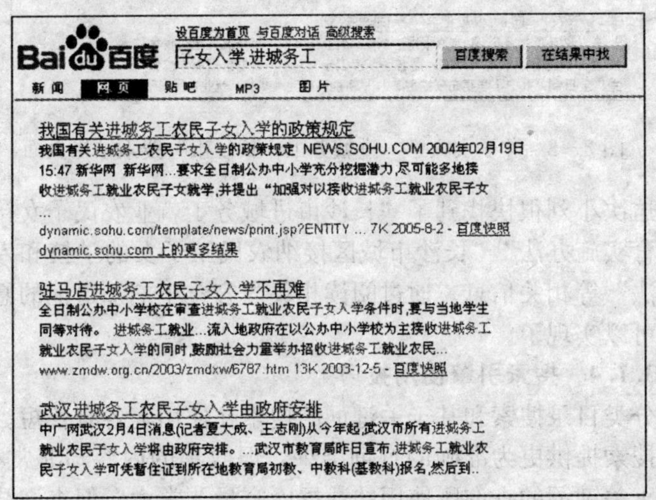


图 3—7　“子女入学，进城务工”搜索结果页面

从搜索结果页面中，小刘看到了全国各地针对进城务工人员子女入学的政策和相关信息。能不能只显示长沙市有关政策和信息？于是他又开始下一步探索。

第四步：接下来小刘在搜索地址栏里输入“子女入学，进城务工，长沙市”三个关键词，点击“百度搜索”按钮，发现这次得到的搜索结果页面（见图 3—8）与前两次更不一样了。

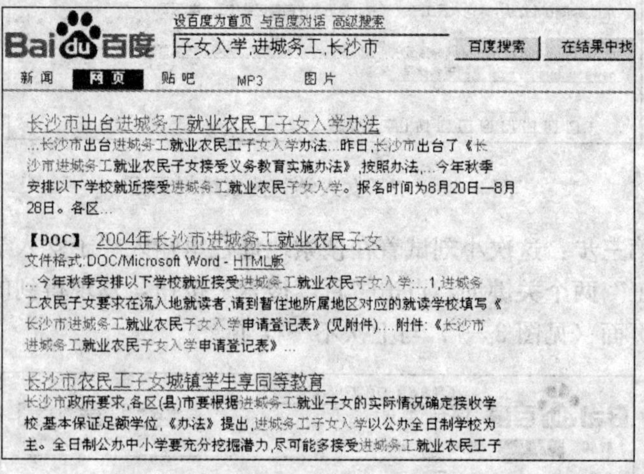


图 3—8 “子女入学，进城务工，长沙市”搜索结果页面

这次小刘很快找到了“长沙市进城务工就业农民子女接受义务教育实施办法”“长沙市城区接纳农民工子女的学校和入学报名办法”等相关信息。通过阅读相关内容，小刘知道他的愿望很快就可以实现了。

### 3.1.4 搜索引擎使用技巧

分类目录搜索和基于关键词的搜索在使用上各有长短。分类目录搜索提供更为准确的查询结果，但收集的内容却非常有限，而基于关键词的查询所使用的数据库容量非常大，但查询结果往往不够准确。

用户可以在不同的情况下用“分类目录搜索”或“基于关键词搜索”来查找信息。如果用户需要查找某一特定网站信息（如查找“劳动和社会保障部”网站即时发布的“劳动力市场供求信息”，目标明确），建议使用“分类目录搜索”；如果查找的是某个不具体信息（如查找“进城务工人员子女入学相关政策”，可能劳动和社会保障部门相关网站上有相关信息，也可能教育部门网站或其他网站上也有相关信息，目标不明确），建议通过关键词搜索。

一次成功的搜索经常是由好几次搜索组成的，如果用户对搜索的内容不熟悉，即使再好的搜索引擎，也不能保证一次搜索就能找到想要的内容。下面介绍几点最基本的搜索引擎技巧。

（1）搜索之前先思考

搜索引擎本事再大，也搜索不到网上没有的内容，而且，有些内容虽然存储在网上，却由于各种原因成为漏网之鱼。所以在使用搜索引擎搜索之前，用户应该先花几秒钟想一下，要找的东西网上可能有吗？如果有，可能在哪里，是什么样子的？网页上会包含哪些关键字？

（2）选择正确的关键词

在进行搜索之前，要明确自己的目的，是要得到关于某一事物的所有相关信息，还是要查找具体的某一确切的事物。如果是前者，就要把关键词范围扩大，不加修饰词；如果是后一种情况，则与之相反，应该把详细的名称输入，以便于直接得到查询结果。

比如，输入关键词“合同”，会有无数网站提供跟“合同”相关的信息，搜索结果太多太乱。而如果输入关键词“劳动合同”或“进城务工人员劳动合同”，则得到的结果会大大减少且更具有针对性。

（3）学会使用多个关键词搜索

如果一个陌生人突然走近你，向你问道："北京"，你会怎样回答？大多数人会觉得莫名其妙，然后会再问这个人到底想问"北京"哪方面的事情。同样，如果在搜索引擎中输入一个关键词"北京"，搜索引擎也不知道你要找什么，可能出现很多莫名其妙的结果。因此用户要养成使用多个关键词搜索的习惯。一般情况下使用两个关键词搜索已经足够了，关键词与关键词之间用空格或逗号隔开。比如用户想了解北京暂住证方面的信息，可以输入"北京　暂住证"或"北京，暂住证"。

## 3.2　IE 基本设置

IE 浏览器提供了种类繁多的参数设置，用户通过修改一些基本参数设置，可以更好地发挥 IE 浏览器的功能。

### 3.2.1　设置默认主页

默认主页的设置决定了启动 IE 后将首先显示的主页内容，如果将经常使用的网页设置为默认主页，可在 IE 启动时立刻进入该网页而无须查找或输入网址。

例如用户想将自己常去的网址（如百度搜索引擎）设置为 IE 的默认主页，可按下列操作步骤进行：

第一步：启动 IE 浏览器，输入百度搜索引擎网址 www.baidu.com，进入"百度首页"。

第二步：执行菜单中的"工具→Internet 选项"命令，打开"Internet 选项"对话框（见图 3—9）。在该对话框中点击"常规"选项卡，单击"使用当前页"按钮，然后单击"确定"按钮就可以将当前页设为默认主页了。

如果单击"使用空白页"按钮，则使用空白页作为默认主页；若单击"使用默认页"按钮，则将以 Microsoft 公司的主页作为默认主页。

### 3.2.2　设置历史记录

前面我们已经学会了使用历史记录浏览 WWW 网页。IE 能

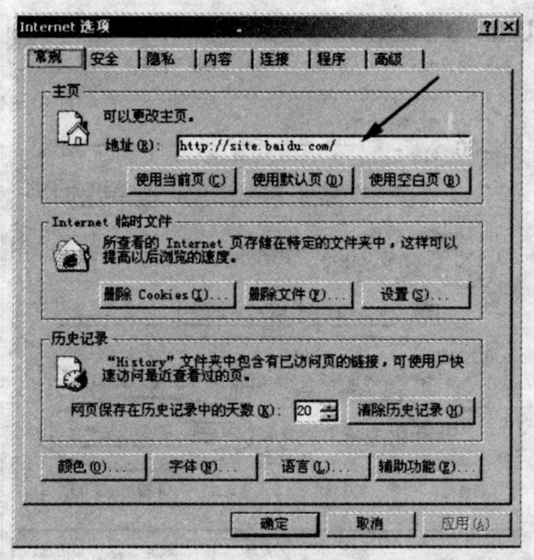


图 3—9　设置默认主页

够跟踪并记录用户最近访问过的网页，并将这些网页的链接保存在历史记录文件夹中。

历史记录可以规定网页在历史记录中保存的天数。超过这个天数的历史记录就会自动清除。默认情况下为保存 20 天的历史记录。如果设定的天数太多，将会造成硬盘空间不必要的浪费。

通过“Internet 选项”对话框（见图 3—10），用户可以根据需要调整历史记录保存的天数。

如果用户不希望别人了解自己访问过哪些站点，可以单击“清除历史记录”按钮，清除保存在历史记录中的信息。

### 3.2.3　设置临时文件

用户最近访问过的网页内容称为临时文件。默认情况下，IE 会将临时文件保存在本地硬盘的预定位置，以便今后访问同样内容时能从硬盘中直接提取而不是从网上下载，从而加快浏览速度。

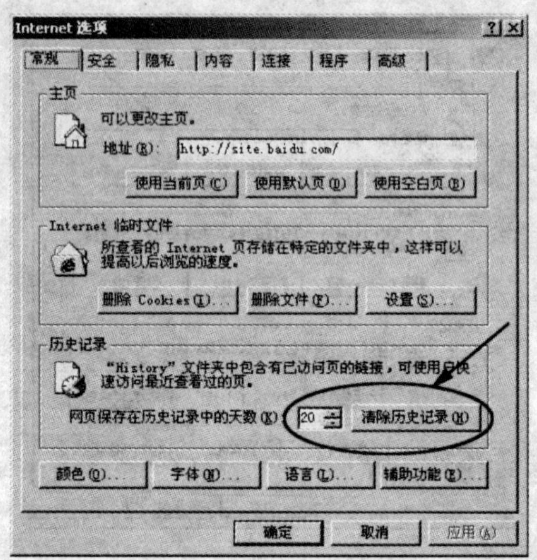


图 3—10　设置历史记录

增加临时文件空间可以更快地显示以前访问过的网页，但由此减少了计算机上可提供给其他文件的空间。尤其是时间长了之后，有些页面的内容过时了，这些过时的内容大量存储在计算机里，占用空间，造成了不必要的浪费，有时还会影响页面浏览最新的内容。因此要养成良好的及时清理临时文件的习惯。

打开“Internet 选项”对话框（见图 3—11），点击“设置”按钮。在“设置”对话框中，用户可以根据需要设置临时文件夹的大小。

单击“删除文件”按钮，可以清除临时文件夹中的所有信息。

### 3.2.4　设置安全选项

Internet 上的信息包罗万象，人们可以从中吸收到大量的知识，获取大量的信息，但其中不乏可能对人们造成危害的网站。用户可以设置“安全选项”来限制在这些网站上的操作，如不允

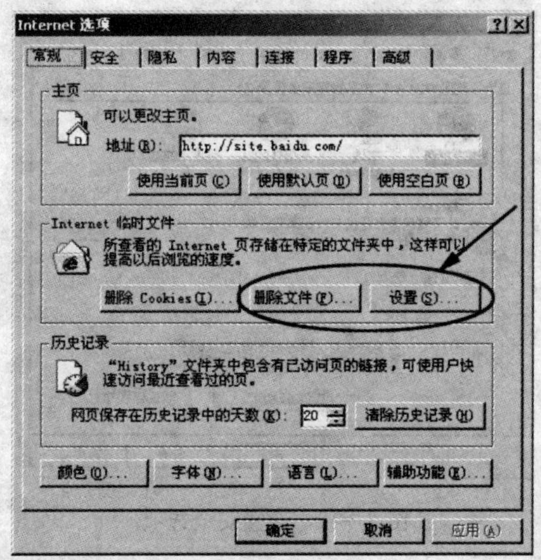


图 3—11 设置临时文件

许从某些网站下载文件等。

打开“Internet 选项”对话框，在该对话框中点击“安全”选项卡，进入“安全选项”设置，这时就可以为不同区域的站点设置不同的安全级别了（见图 3—12）。

IE 将安全区域划分为 Internet、本地 Intranet、可信站点和受限站点等，不同的区域设有不同的默认安全级。其中：

Internet 区域：包含所有未放在其他区域中的 Web 站点，该区域默认安全级别是中；

本地 Intranet 区域：包含本地 Intranet 上的所有站点，该区域默认安全级别是中低；

可信站点区域：包含用户信任的站点，从该区域下载文件不会损坏计算机或数据。该区域默认安全级别是低；

受限站点区域：包含用户不信任的站点，从该区域下载文件可能会损坏计算机或数据。该区域的默认安全级别是高。

用户可根据需要更改 IE 某个安全区域的安全级别。如选择

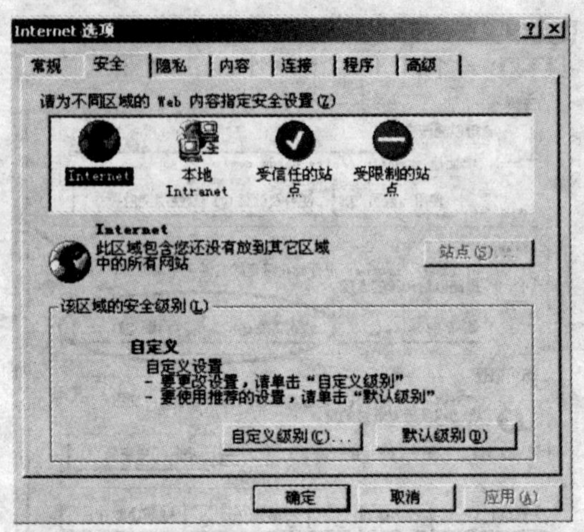


图 3—12　设置安全选项

Internet 区域后，点击“自定义级别”按钮，在“重置为”下拉列表中选择“安全级—中”，就可以将 Internet 区域安全级别设置为中（见图 3—13）。

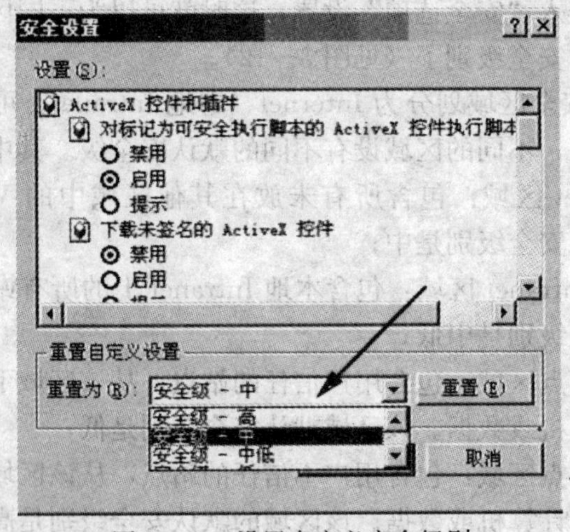


图 3—13　设置自定义安全级别

## 3.3 IE使用技巧

### 3.3.1 使用收藏夹

用户上网过程中经常会遇到一些喜欢的网站。如果用户希望下次能够再次访问该网站，而又不愿输入或记忆那些比较长的URL地址，这时可以将该网站添加到收藏夹中。利用收藏夹，用户下次要访问收藏夹里面的某个站点，只要打开收藏夹，单击其中的链接就可以了。

例如，某用户通过搜索引擎查找到中国劳动力市场（www.lm.gov.cn）、广东劳动力市场（www.gd.lm.gov.cn）和北京就业信息（www.bjjy.org.cn）三个网站，并希望以后不定期查看上述网站公布的就业信息，可以通过下列步骤将上述网站添加到收藏夹：

第一步：转到要添加到收藏夹中的站点（如中国劳动力市场www.lm.gov.cn）。

第二步：执行菜单中的"收藏→添加到收藏夹"命令，弹出"添加到收藏夹"对话框（见图3—14）。

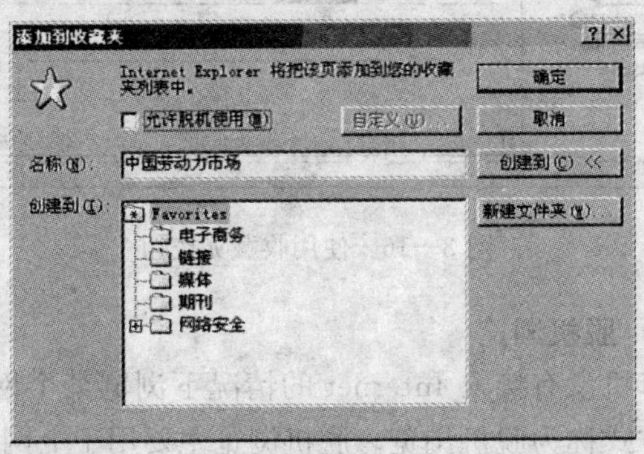


图3—14 "添加到收藏夹"对话框

第三步：在"添加到收藏夹"对话框中输入名称，单击"确定"按钮便可将当前站点存放在收藏夹中。

同理可将另外两个站点加入到收藏夹。

使用收藏夹的目的是为了以后方便使用。如用户想快速访问收藏夹中的“中国劳动力市场”站点，打开“收藏”菜单，单击“收藏夹列表”中对应的链接就可以了（见图 3—15）。

此外，用户还可以通过单击工具栏中“收藏”按钮，在 IE 窗口左边的“收藏夹列表”中，单击所要访问的列表项就可访问对应的站点（见图 3—16）。

图 3—15　收藏夹列表

图 3—16　使用收藏夹按钮

### 3.3.2　脱机浏览

在计算机没有接入 Internet 的情况下浏览某个网站的内容，这种工作方式称为脱机浏览。脱机浏览主要用于上网速度较慢或不想占用上网线路等场合，用户必须事先将要脱机浏览的网站内容下载到本地硬盘上。

（1）设置脱机浏览网站

第一步：将要脱机浏览的网站添加到收藏夹。

第二步：执行菜单中的“收藏→整理收藏夹”命令。

第三步：在“整理收藏夹”对话框中（见图 3—17），选中要脱机浏览的网站，然后选择“允许脱机浏览”复选框。单击“属性”按钮可进一步设置脱机下载选项。

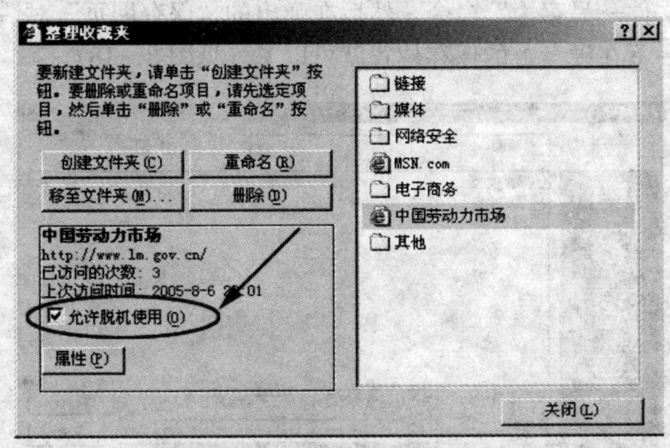


图 3—17　“整理收藏夹”对话框

（2）使用脱机浏览

默认情况下，IE 总是要到 Internet 上提取网页信息，要进行脱机浏览，必须将浏览器设置为脱机工作状态。

第一步：执行菜单中的“文件→脱机工作”命令，将 IE 设置为脱机工作状态。此时“文件”菜单的“脱机工作”左边显示“√”，表示当前处于脱机工作状态。

第二步：单击“收藏”菜单并选择要访问的脱机网站，即可访问下载到本地硬盘上的网站内容。

如果选择“脱机工作”，那么 IE 将始终以脱机方式启动，直到再次单击“脱机工作”命令，清除“√”标记。

### 3.3.3　保存网页

多数人浏览 Web 网页的主要目的还是为了查找资料。如果浏览网页找到了需要的资料，可以将它们用磁盘文件的形式保存下来，以方便平时查看。根据具体情况的不同，主要有下面几种保存方法。

（1）保存当前整个网页

用户在浏览网页时，如果想保存整个页面，可以执行菜单中的“文件→另存为”命令，然后在弹出的“保存网页”对话框中选择一下在硬盘上的保存位置就可以了（见图 3—18）。

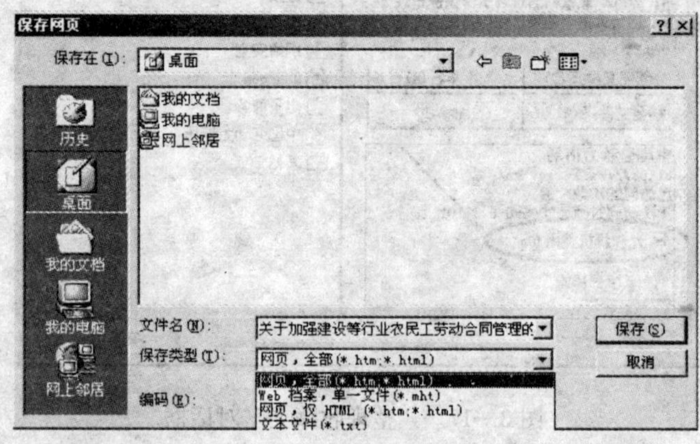


图 3—18　“保存网页”对话框

需要注意的是在“保存类型”下拉列表里有四个选项。如果选择默认的“网页，全部（*.htm，*.html)”就会把本页面保存为一个 htm 文件，并把所有的相关内容如图片等都保存在一个和文件同名的目录下面；如果选择“Web 档案，单一文件（*.mht)”，就会把本页面保存为一个 mht 文件，这个文件是用 IE 浏览器来打开的，而所有的相关内容如图片等都集成到这个单一文件中了；如果选择“网页，仅 HTML（*.htm，*.html)”，那么本页保存下来的虽然还是一个 htm 页面，但是所有的其他相关内容就都没有了；如果选择“文本文件（*.txt)”，那么这个页面保存成了一个文本文件，保存下来的只有页面上的文字内容。

(2) 保存相关文本信息

对于网页中感兴趣的文章或段落，可随时用鼠标将其选定，然后利用剪贴板功能将其复制和粘贴到某个文档或需要的地方。例如将网页中相关文本信息保存到“写字板”，可以按下列步骤进行操作：

第一步：在当前网页中选择要保存的信息，即按住鼠标左键从要保存信息的左上角拖动到右下角，被选中的内容将呈反白显示（见图 3—19)。

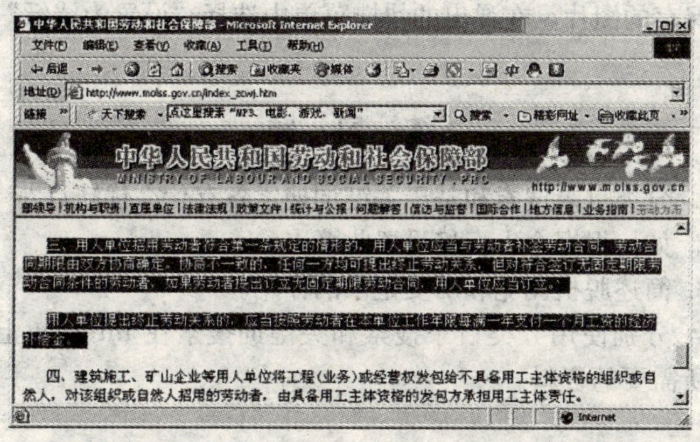


图 3—19　选择相关文本信息

第二步：选择菜单中的“编辑→复制”命令（或使用快捷键 Ctrl+C)，将所选内容放入剪贴板。

第三步：启动“写字板”程序，打开“写字板”窗口。

第四步：在“写字板”窗口中执行菜单中的“编辑→粘贴”命令（或使用快捷键 Ctrl+V)，将剪贴板内容粘贴到“写字板”窗口。

第五步：执行菜单中的“文件→保存”命令，将该文件命名后保存在磁盘上。

(3) 保存相关图片

用户在浏览网页时，想要将一些感兴趣的图片保存下来，可按以下步骤进行操作：

第一步：用鼠标右键单击要保存的图片，在弹出的快捷菜单中选择“图片另存为”命令。

第二步：在弹出的“保存图片”对话框中指定该图片要存放的路径名与文件名。

第三步：单击“保存”按钮。

如果要将感兴趣的图片设置为桌面墙纸，只需用鼠标右键单击要保存的图片，在弹出的快捷菜单中选择“设置为墙纸”命令即可。

## 练 习 题

1. 分类目录搜索和基于关键词搜索各有什么优缺点？

2. 如何根据个人喜好设置收藏夹？

3. 简述脱机浏览和历史记录的作用。

4. 分别使用分类目录搜索和关键词搜索在 Internet 上查询自己所需要的资料。

# 第 4 章　收发电子邮件

**本章培训要求**

通过本章的学习，要求培训对象掌握电子邮件的基本概念，学会收发电子邮件的基本方法。

## 4.1　电子邮件基础

电子邮件又称 E-mail。我国网友给它起了个意味深长的名字"伊妹儿"，这既是 E-mail 的音译，又带有浓郁的亲昵意味，可见电子邮件在网友们心中的地位。事实上，电子邮件是 Internet 上应用最广、最受欢迎的服务。

### 4.1.1　电子邮件特点

电子邮件，顾名思义是一种邮件，也是一种新的利用计算机网络进行的通信方式。这种通信方式具有电话的速度和邮政的可靠性，利用计算机的存储、转发原理，克服时间、地理上的差距，通过计算机网络进行各种信息的传送。

在传统的邮政系统中，邮件被一直送达目的地，收件人只能到邮寄地址所指定的固定地点收取邮件。而在电子邮件系统中，邮件只被送到指定的邮件服务器上，收件人需要自己从服务器"取回"邮件。也就是说，电子邮箱地址并不指定某个具体的位置。用户在任何一台与 Internet 相连的计算机上输入自己的电子邮件地址，就可以收发电子邮件。

同传统邮件相比，电子邮件有许多明显的优点：

▪ 信息传递快。使用电子邮件，几分钟甚至几秒钟之内，就可以将一封邮件发送到世界上任何一个地方。

▪ 使用方便。电子邮件地址是固定的，不管用户的工作单位和居住地点如何改变，只要电子邮件地址不变，用户的朋友仍然可以与用户取得联系。

▪ 费用低廉。发送电子邮件时收取的是上网费，其费用比普通信件要便宜得多。

▪ 用途广泛。除了交换普通文本信息之外，还可以在邮件中附加传递文件、图形、图像和语音信息。

正是由于电子邮件具有使用简易、投递迅速、收费低廉、易于保存、全球畅通无阻的特点，使得电子邮件被广泛地应用，使人们的交流方式得到了极大的改变。

当然，电子邮件也有不足之处，其中最主要的问题是在安全性方面存在缺陷，如邮件在传输过程中有可能被非法窃取等。

### 4.1.2 电子邮件地址

要接收电子邮件，就必须有自己的邮箱；同样发送电子邮件，也需要知道对方的邮箱地址。每个电子邮箱都有一个唯一的地址，通常称为电子邮件地址或 E-mail 地址。E-mail 地址格式由两部分组成，其格式为：

用户名@主机域名

其中用户名是用户标识符，由用户根据个人喜好自己申请决定。字符@是一个功能分隔符，可以读成“at”，也就是“在”的意思。主机域名为网络服务商提供的邮件服务器地址。整个 E-mail 地址可理解为网络中某台主机上的某个用户的地址，也可理解为日常生活中的某个单位里的某个人。

例如 E-mail 地址 zhangsan@sina. com，可以理解为在 sina. com 这台网络机器中的用户名为 zhangsan 的电子邮件用户。结合在第 1 章中所学的内容，我们知道 sina. com 实际上是一个域名。邮件的发送依赖于邮件地址，发送过程和日常生活中相似，邮局首先把邮件发送到单位邮件服务器（sina. com 这个域），然后再由单位收发室分发给个人（zhangsan 邮件用户）。

电子邮件收发过程如图 4—1 所示。

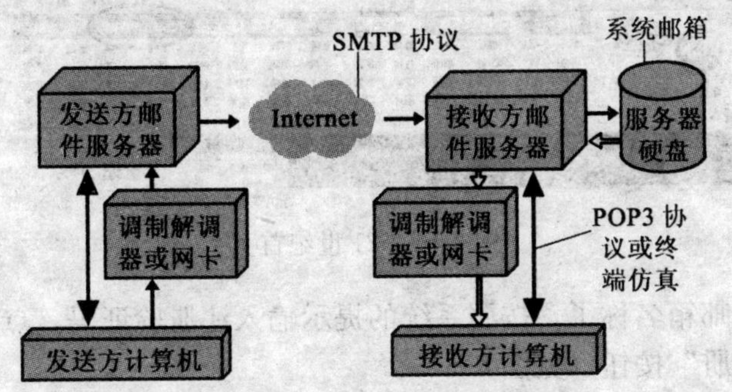


图 4—1 电子邮件收发过程

### 4.1.3 免费电子信箱

1998 年 6 月 24 日，263 首都在线在中国北方地区首家隆重推出免费邮箱系统服务，开启了我国电子邮件的免费时代。随后，1999 年新浪投入巨大的成本推出了轰动业界的免费 50 兆电子邮箱，之后各家网站又有了 100 兆乃至“无限空间邮箱”，在当时狂热的市场气氛下，中国网民很快拥有了“海量”体验。

在 Internet 上的许多网站设有免费电子邮箱，用户拥有这种免费的电子邮箱后就可以上网收发电子邮件了。

如何在因特网上获取免费的电子邮箱呢？下面我们就以“21cn. com”网站为例，介绍申请免费电子邮箱的具体操作方法。

第一步：打开浏览器窗口，在地址栏中输入“http：//www. 21cn. com”，按回车键，出现如图 4—2 所示页面。

第二步：单击“免费注册 10G 邮箱”超链接，要求用户输入想要注册的邮箱名。该名称可以使用字母、数字、下划线等字符组合，建议用户选择一个自己容易记忆的邮箱名称。比如有个叫李四的用户，他是 8 月 8 日出生的，于是他把用户名定为 lisi0808。输入完邮箱名后，别忘了点“检测账号”看看是否已经有人注册了这个邮箱名字，如果有人使用了这个名字，那么就只

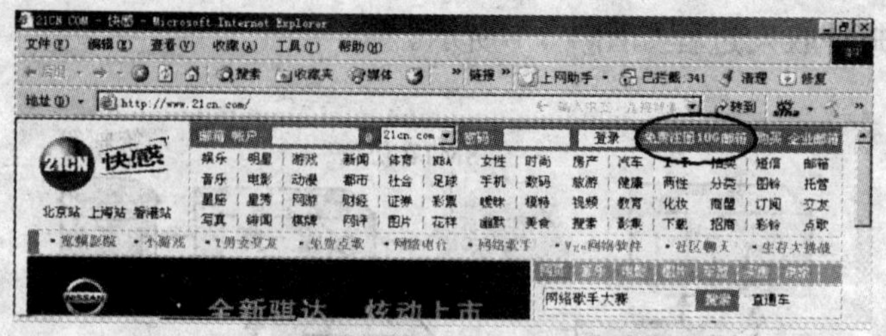


图 4—2　21 世纪首页

能另选邮箱名称了。按照系统的提示输入注册验证码，点击“新用户注册”按钮（见图 4—3）。

图 4—3　检测账号页面

第三步：按照要求填写密码和密码提示问题（密码提示问题用于忘记密码后找回密码），仔细阅读邮件使用协议并勾选“同意上述协议”（见图 4—4）。

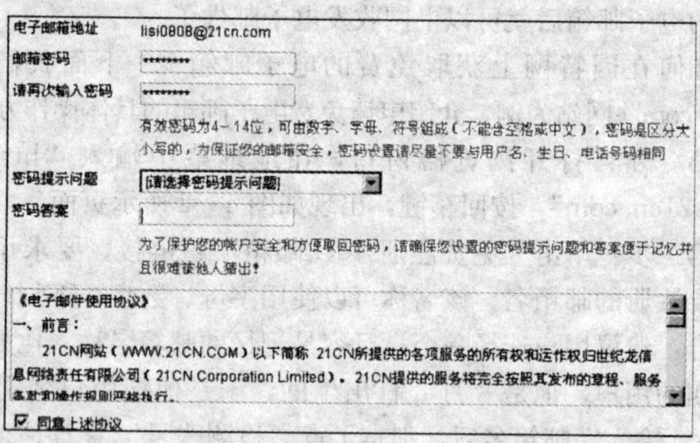

电子邮箱地址 lisi0808@21cn.com
邮箱密码 ********
请再次输入密码 ********
有效密码为4－14位，可由数字、字母、符号组成（不能含空格或中文），密码是区分大小写的，为保证您的邮箱安全，密码设置请尽量不要与用户名、生日、电话号码相同
密码提示问题 [请选择密码提示问题]
密码答案
为了保护您的帐户安全和方便取回密码，请确保您设置的密码提示问题和答案便于记忆并且很难被他人猜出！
《电子邮件使用协议》
一、前言：
21CN网站（WWW.21CN.COM）以下简称 21CN所提供的各项服务的所有权和运作权归世纪龙信息网络责任有限公司（21CN Corporation Limited）。21CN提供的服务将完全按照其发布的章程、服务条款和操作规则严格执行。
☑ 同意上述协议

图 4—4　签订电子邮件使用协议

同时，21CN 注册邮箱要求输入至少一个推荐人的免费邮箱地址，在输入栏内填写一个邮件地址，然后选择“完成注册”单选框，点击“提交”按钮，完成免费电子邮箱注册。

此时，将打开注册成功的页面，如图 4—5 所示。此时申请到的邮箱容量为 2.1 GB，如果用户想了解如何升级为 10 GB，可以点击“免费升 10 G”链接了解相关邮箱积分的情况。一般情况下，用户可以选择“登录邮箱”链接来打开自己申请到的电子邮箱。

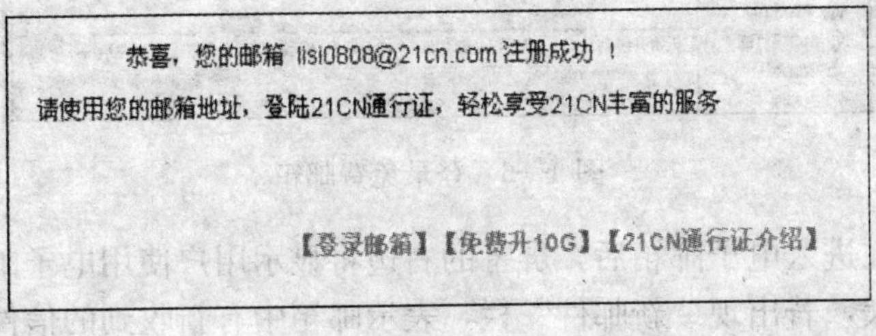

恭喜，您的邮箱 lisi0808@21cn.com 注册成功！

请使用您的邮箱地址，登陆21CN通行证，轻松享受21CN丰富的服务

【登录邮箱】【免费升10G】【21CN通行证介绍】

图 4—5　注册成功页面

在 Internet 上申请免费邮箱的方法基本相同，不同之处主要有：用户名的输入具体要求不同，服务条款的内容有多有少，邮箱容量大小不一样，个人资料填写的栏目及要求不同等。

## 4.2　使用浏览器收发电子邮件

电子邮件的使用方式一般分为 Web 方式和客户端软件两种方式。

所谓 Web 方式，是指使用浏览器访问电子邮件服务商的电子邮件系统网址，输入用户的用户名和密码，进入用户的电子邮件信箱，然后处理用户的电子邮件。这种使用方式的特点是：用户无须特别准备设备或软件，只要有机会浏览 Internet，即可使用电子邮件服务商提供的电子邮件功能。

### 4.2.1 收取邮件

连接至21CN个人免费邮箱，输入用户的账号、密码并点击“用户登录”按钮，如果账号及密码无误，则可进入用户自己预先申请了的免费邮箱（见图4—6）。

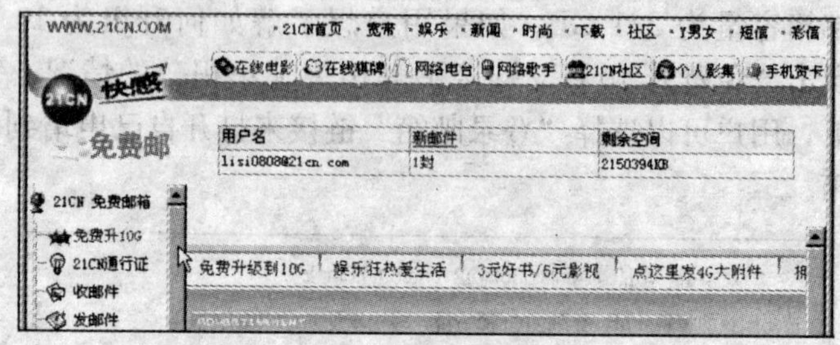

图4—6 登录免费邮箱

在进入电子邮箱后，屏幕的右边将显示用户使用电子邮箱情况列表，若出现“新邮件”栏，表示邮箱中有新收到的信件。

在进入电子邮箱后，在屏幕左边中选择“收邮件”，则右边的屏幕中就会出现用户在21CN个人免费邮箱所有收到的邮件。加黑并有新邮件标志的为新邮件，有回形针标志的为有附件的邮件（见图4—7）。

图4—7 收件箱

阅读邮件时可直接点击每一封邮件对应的“阅读/发件人”栏，邮件内容将呈现在新建的窗口中，可用鼠标控制此窗口的大小。如果希望预览邮件，可以点击邮件对应的“预览/主题”栏，邮件内容将呈现在屏幕的右下方，以便快速筛选邮件。

### 4.2.2 撰写和发送邮件

在进入电子邮箱后，在左边的屏幕中选择“发邮件”，用户可以在此编辑邮件，请记住输入收件人的 E-mail 地址。邮件可以使用文本、图片等内容，还可以在最后添加附件，在编辑完毕之后，选择“立即发送”或者“定时发送”按钮，即可将邮件寄出（见图 4—8）。

图 4—8 新邮件窗口

“抄送”表示除了在“收件人”填写的邮件地址会收到邮件外，在抄送栏输入的邮件地址也会收到邮件的副本。同时别人会在收到的邮件中看到其他收件人的邮件地址。“暗送”表示隐藏的副本拷贝，虽然“暗送”栏中的邮件地址都会收到邮件，但无法看到其他收件人的邮件地址，看上去就像专门发给他一个人的邮件。

另外，用户也可以从地址簿中选取收信者，以免记忆大量难记的 E-mail 地址。个人地址簿可以允许用户记录下联系人姓名以及电子邮件地址等资料，可以新增、删除或修改任何一位联系人或者一组联系人的资料。

### 4.2.3 管理邮箱

当使用邮箱一段时间后，邮件越来越多，这时便需要进行邮箱的管理工作，使其变得井井有条。21CN 的邮件管理主要集中在“配置”这个链接里。单击这个链接，用户可以看到在页面的右边出现了相关的配置项目（见图 4—9）。

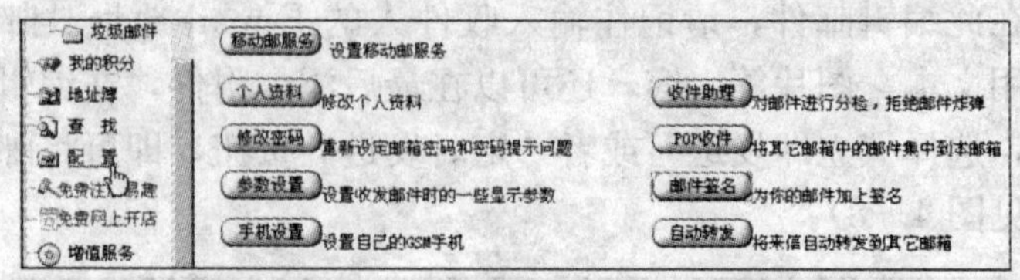


图 4—9　配置邮箱

▪ 移动邮服务、手机设置：移动邮服务是 21CN 公司为用户新推出的手机收发邮件服务，通过将手机号码、电子邮箱以及手机短信结合，用户可以随时随地管理自己的邮箱，通过短信进行邮件的阅读、回复以及修改密码等操作；

▪ 个人资料：用于修改注册时填写的个人信息；

▪ 修改密码：修改邮箱登录密码；

▪ 参数设置：用于设置邮件显示风格、邮箱满时的相关操作、邮箱空间提醒等参数；

▪ 收件助理：对垃圾邮件地址进行拒收；

▪ POP 收件：可以把用户其他邮箱里面的邮件全部集中到本邮箱来统一管理；

▪ 邮件签名：允许用户设置个性化的邮件落款；

▪ 自动转发：将来信按用户要求转发到其他邮件地址。

## 4.3　使用客户端软件收发邮件

所谓客户端软件方式，是指用户使用一些安装在个人计算机上的支持电子邮件基本协议的软件产品，使用和管理电子邮件。使用客户端软件收发邮件的特点是可以进行远程电子邮件操作，还可以同时处理多账号电子邮件。

Outlook Express 是一款功能强大的电子邮件客户端软件，它集成在 Microsoft 公司 IE 浏览器中，并与 Windows 操作系统一起销售，是目前使用最广泛的电子邮件客户端软件。下面以 Outlook Express 为例介绍客户端软件的使用方法。

### 4.3.1 设置电子邮件账号

要利用 Outlook Express 收发电子邮件，应首先根据自己申请到的电子邮箱为 Outlook Express 设置电子邮件账户。此外，当设置了多个电子邮件账户时，有一个邮件账号被设置为默认账户，用户在发送电子邮件时均使用该账户。

用户双击桌面上的 Outlook Express 图标，或者单击“开始”按钮，选择“程序”→“Outlook Express”菜单，即可启动 Outlook Express 程序。

如果是第一次使用 Outlook Express，系统会自动启动“连接向导”程序，在其指引下可完成其设置，具体步骤如下：

第一步：按要求填入用户想使用的名字，例如我们可以使用“李四”这个名字（见图 4—10）。

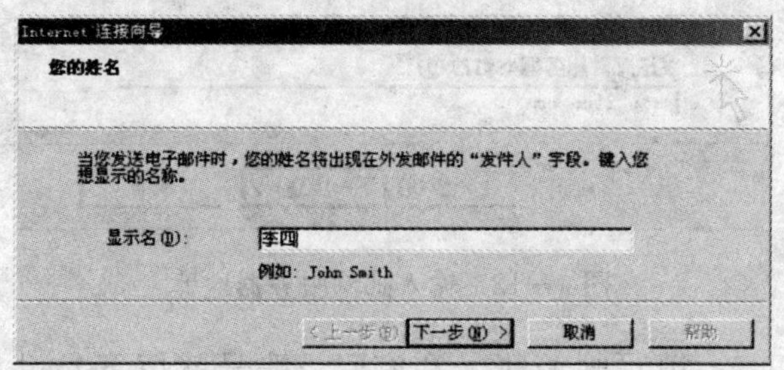


图 4—10 输入显示名

第二步：填写准备用客户端管理的 E-mail 地址，我们可以使用前面申请的免费邮箱 lisi0808@21cn. com（见图 4—11）。

第三步：填写接收邮件服务器和发送邮件服务器。21CN 的 POP3 和 SMTP 服务器地址分别为 pop. 21cn. com 和 smtp. 21cn. com（见图 4—12），这两个地址一般在邮箱提供商的帮助页面中可以找到。

Internet 连接向导
Internet 电子邮件地址
您的电子邮件地址是别人用来给您发送电子邮件的地址。
电子邮件地址(E):
lishi0808@21cn.com
例如：someone@microsoft.com
< 上一步(B)
下一步(N) >
取消

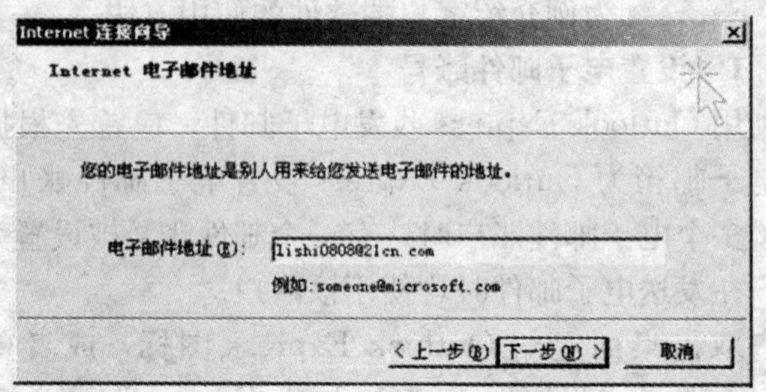

图 4—11　输入电子邮件地址

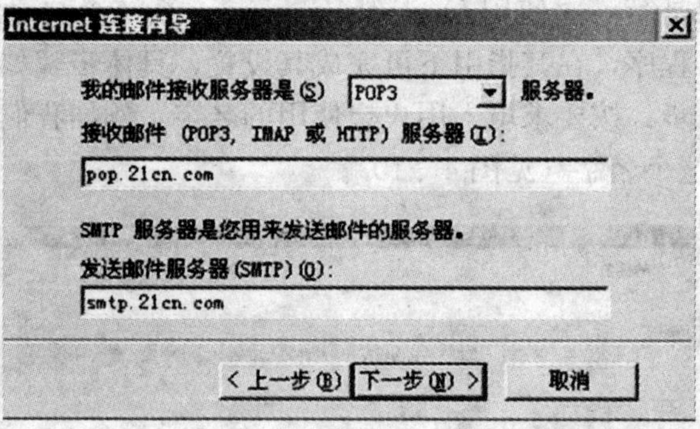

Internet 连接向导
我的邮件接收服务器是(S)
POP3
服务器。
接收邮件 (POP3, IMAP 或 HTTP) 服务器(I):
pop.21cn.com
SMTP 服务器是您用来发送邮件的服务器。
发送邮件服务器(SMTP)(O):
smtp.21cn.com
< 上一步(B)
下一步(N) >
取消

图 4—12　输入邮件服务器地址

第四步：填写邮箱账号和密码。账号就填 E-mail 账户名，再填上邮箱密码，并选上记住密码（以免每次接收邮件时都要输入密码）（见图 4—13）。

第五步：完成设置。单击“完成”按钮，即完成了对 Outlook Express 的设置。这时 Outlook Express 会立即自动到设置的邮箱里把邮件取到机器上来。

用户使用客户端软件将电子邮件收取到本地计算机上后，离线后仍可继续阅读信件。值得注意的是，默认情况下邮件收取到本地计算机上的同时，将删除服务器上的邮件副本。如果

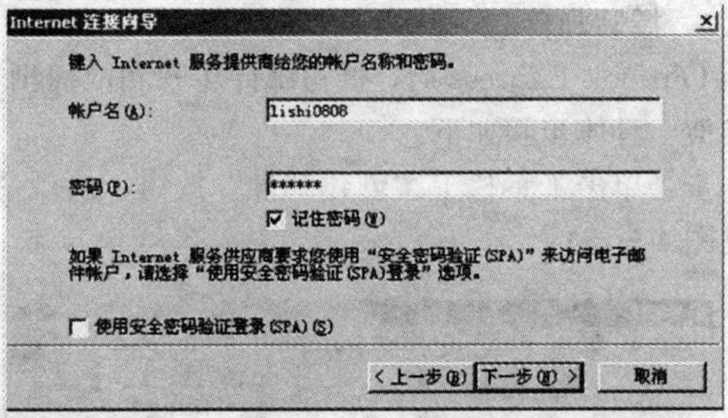

图 4—13　输入账户名和密码

用户在“账户属性”对话框中点击“高级”选项卡，选中“在服务器上保留邮件副本”复选框（见图 4—14），那么下次用 Web 方式登录邮箱时，仍然可以看到这些邮件。也就是说，使用客户端软件收取邮件后，邮件服务器上仍然保存了邮件副本。

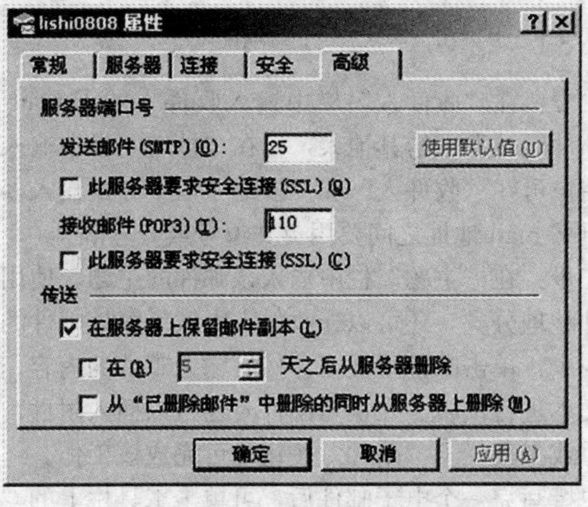

图 4—14　账户属性设置高级选项卡

### 4.3.2 撰写邮件

启动 Outlook Express 后，撰写邮件步骤和前面浏览器方式步骤很相似。具体步骤如下：

第一步：单击工具栏上“创建邮件”按钮，出现“新邮件”窗口（见图 4—15）。

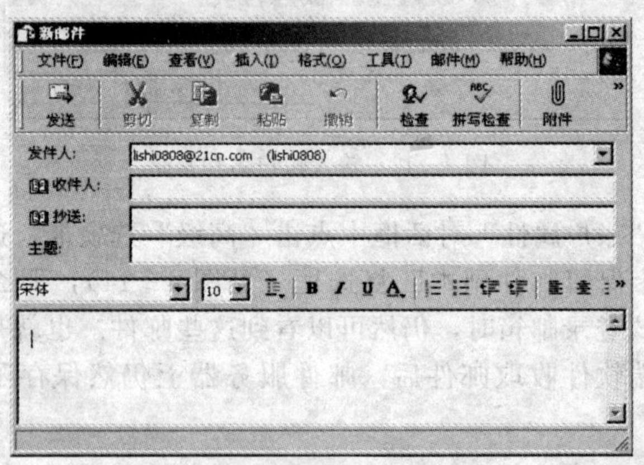


图 4—15 新邮件窗口

第二步：在“收件人”栏中输入收件人的 E-mail 地址。如果想把邮件同时发送给其他人，可在“抄送”栏中输入其 E-mail 地址。用户可在“收件人”和“抄送”栏中分别输入多个 E-mail 地址，但 E-mail 地址之间要用英文逗号或分号隔开。

第三步：在“主题”栏中输入该邮件的主题。使用主题词有助于邮件整理分类，还可以让收件人大致了解该邮件的内容。

第四步：单击邮件正文区，然后输入邮件的内容。用户可对输入的文本进行编辑。在撰写邮件时还可以插入附件，利用“插入”菜单或工具栏上“附件”按钮均可完成该工作。

用户撰写完一个电子邮件后，可单击工具栏上的“发送”按钮，立即发送该邮件。也可以将写好的邮件暂存入“发件箱”中，待撰写好全部邮件后再一起发送。

### 4.3.3 接收邮件

默认情况下，启动 Outlook Express 后，系统会自动登录到用户设置的邮件接收服务器上，检查用户的电子邮箱是否有新的邮件到达。如果有，则将新邮件取回来放到 Outlook Express 的“收件箱”中，同时在“收件箱”文件夹旁边显示出当前新邮件的个数。

此外，用户也可以在 Outlook Express 主窗口中单击工具栏上的“发送/接收”按钮，登录到邮件接收服务器上将新邮件取回来，并且显示接收邮件的状态和进度。

在 Outlook Express 主窗口中，单击“收件箱”文件夹可打开如图 4—16 所示的“收件箱”窗口。

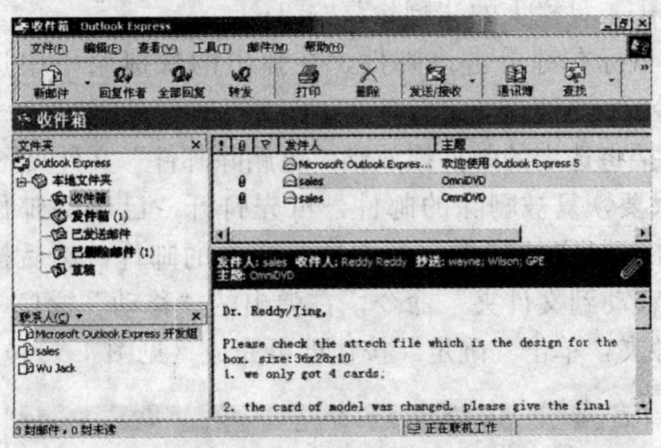


图 4—16 收件箱窗口

在“收件箱”窗口中，用户可以看到“收件箱”文件夹所包含的邮件列表。每项包含有收件人、主题和接收时间等信息。

用户在邮件列表中单击希望阅读的邮件，则在窗口的预览窗口中显示该邮件的内容。如果双击邮件列表中的某个邮件，将打开邮件阅读窗口来显示该邮件内容。

在 Outlook Express 主窗口左边单击“发件箱”“已发送邮件”等，可打开相应的文件夹，其操作方法与“收件箱”窗口完全相同。

### 4.3.4 管理邮件

（1）保存与打印邮件

用户阅读过的邮件，若觉得需要保存，可执行菜单“文件/另存为”命令，在弹出的“另存为”对话框中将其命名后进行保存。

如果要把当前的邮件打印出来，在打印机就绪的情况下，单击工作栏上的“打印”按钮即可进行打印。

（2）删除邮件

用户如果要删除某个邮件或若干个邮件，可在“收件箱”文件夹或其他文件夹列表中选这些邮件后，用下述方法之一将它们删除：

- 单击工具栏上的“删除”按钮；
- 用鼠标右键单击该邮件，在弹出的快捷菜单中选择“删除”命令；
- 直接将选定的邮件拖放到“已删除邮件”文件夹图标上。

如果要恢复被删除的邮件，可先打开“已删除邮件”文件夹，并在其对应的邮件列表中选要恢复的邮件，然后执行菜单“编辑→移动到文件夹”命令，在弹出的“移动”窗口中选择相应的文件夹，单击“确定”按钮即可完成（见图 4—17）。

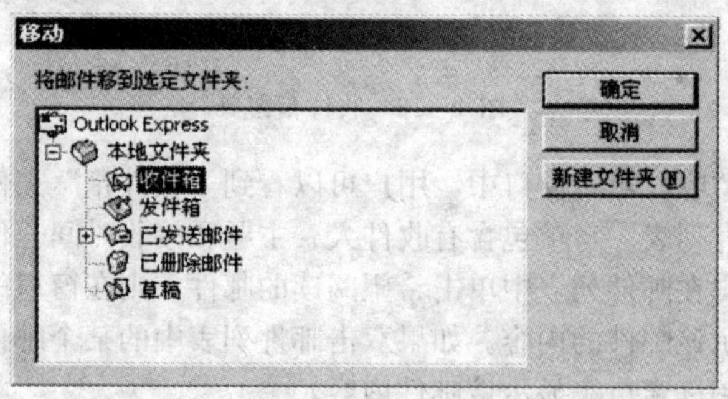


图 4—17　移动邮件对话框

若要清空所有已删除的邮件，在 Outlook Express 主窗口中用鼠标右键单击“已删除邮件”文件夹，在弹出的快捷菜单中执行“清空文件夹”命令，可以彻底删除邮件。

（3）将邮件放入不同的文件夹

虽然在 Outlook Express 的文件夹列表中，有“收件箱”“发件箱”“已发送邮件”“已删除邮件”和“草稿”等文件夹，它们可以分别用来保存不同类型的邮件。不过用户还可以根据需要再创建一些新的文件夹，用来组织和保存各种类型的邮件。这样可以更加有效的管理电子邮件。

## 练 习 题

1. E-mail 地址由哪两部分组成？举例说明 E-mail 的地址格式。

2. Outlook Express 有哪些主要功能？

3. 利用 Outlook Express 发送邮件时，收件人、抄送与密件抄送有什么区别？

4. 简述使用 Outlook Express 撰写和发送邮件的过程。

# 第 5 章 拓宽交流渠道

**本章培训要求**

通过本章的学习，要求培训对象掌握常用网上交流工具软件的使用方法，学会利用互联网进行人际交流的基本方法。

## 5.1 网络寻呼 QQ

就像电话的普及极大地改变了人们的交流方式一样，如今，Internet 的普及又为人们提供了网络寻呼和聊天这种全新的实时交流工具。通过网上寻呼和聊天，可以将天南地北的人紧密地联系在一起，进行类似面对面的交流。与电子邮件相比，网上寻呼和聊天更多地体现了实时性、交互性和趣味性。

网上寻呼和聊天的主要工具已经从初期的聊天室、论坛发展到现在以 QQ，MSN 为代表的即时通讯软件。

### 5.1.1 下载、安装与注册 QQ

如果用户从来没有使用过 QQ 软件，那么需要按照下载 QQ 软件、安装 QQ 软件和注册 QQ 号码等步骤来实现基本使用环境。

（1）下载 QQ 软件

QQ 软件可以直接从官方网站（www. qq. com）上下载，每次版本更新的时候，QQ 都会提醒用户到官方网站下载最新版本。如图 5—1 所示为 QQ 软件下载页面，在页面醒目地方有一个“最新版本下载”超链接。

（2）安装 QQ 软件

用户下载了 QQ 软件后，就可以开始安装了。直接双击安

图 5—1　QQ 软件下载页面

装文件，使其运行。按照软件的提示选择好安装目录等信息（见图 5—2）。

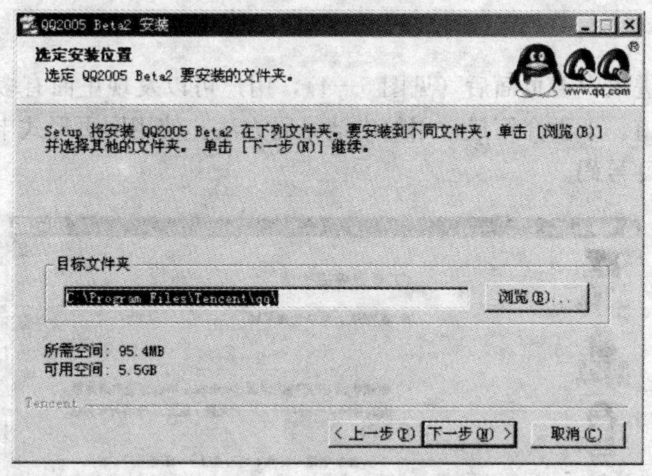


图 5—2　QQ 软件安装对话框

（3）注册 QQ 号码

启动 QQ 软件，将出现登录界面，要求输入 QQ 号码和 QQ 密码，用户可以点击 QQ 号码输入栏后面的“申请号码”按钮来申请一个新的 QQ 号码（见图 5—3）。

图 5—3　申请新 QQ 号码界面

进入申请页面后（见图 5—4），用户可以发现里面有多种申请渠道。下面介绍最常用的申请号码方法：使用网页形式申请免费 QQ 号码。

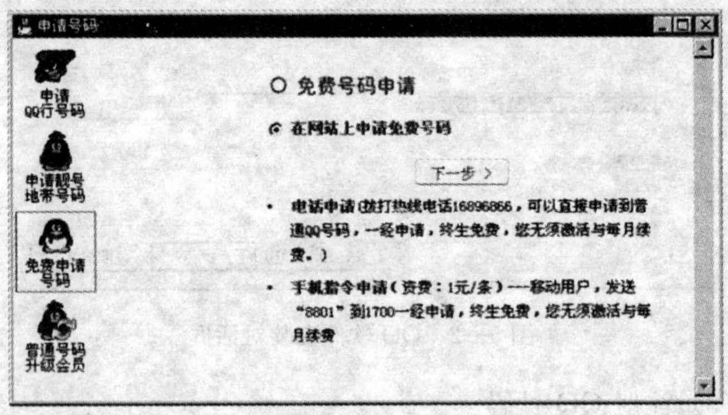


图 5—4　申请 QQ 号码页面

首先点击页面左边的“免费申请号码”选项，然后在页面右边选择“在网站上申请免费号码”单选框，点击“下一步”按钮。此时会出现一个服务条款的页面，确认相关服务条款后点击“我同意”按钮，进入资料提交页面（见图 5—5）。

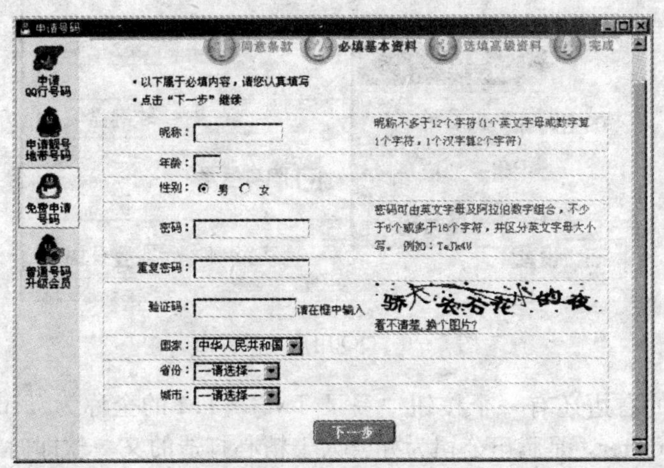


图 5—5　用户基本资料填写页面

按要求填写完资料后，点击“下一步”按钮，系统将给出此次申请到的 QQ 号码。用户使用该号码以及资料项中自己填写的密码进行登录，就可以马上享受 QQ 聊天的乐趣了。

### 5.1.2　QQ 的基本使用

（1）登录 QQ

安装完 QQ 后，用户可以发现计算机桌面上多了腾讯 QQ、QQ 音乐、腾讯 TT、腾讯 TM 等。双击桌面上“腾讯 QQ”图标，这时将出现 QQ 登录界面（见图 5—6）。

登录时，用户可以在登录框中直接输入 QQ 号码和密码进行登录。如果想使用其他方式登录 QQ，可以点击“QQ 号码”后面的黑色小三角形，通过弹出菜单进行登录方式的选择。也可以打开高级设置，自己从中选择喜欢的登录模式。在“登录 QQ”

图 5—6　QQ 用户登录界面

按钮的右边还有一个按钮“登录 TM”，TM 的全称为 Tencent Messenger，是腾讯公司为办公人士精心打造的又一款即时通讯软件。针对办公环境设计，侧重于熟人间的沟通和联系。

（2）查找添加 QQ 好友

1）查找用户

新号码首次登录时，好友名单是空的，要和其他人联系，必须先要添加好友。在主面板中点击“查找”按钮即可进入“QQ 2005 查找/添加好友”窗口。在此窗口中可以查看当前在线人数和“看谁在线上”，如图 5—7 所示。若用户知道对方的 QQ 号码、昵称、电子邮件，还可设置这些精确的查询条件进行精确查找。

另外，除了使用基本查找以外，还可以使用高级查找、群用户查找、互动空间查找等方式进行更多功能的查找。

2）添加好友

在查找结果中选中希望添加的用户，点击“加为好友”，依

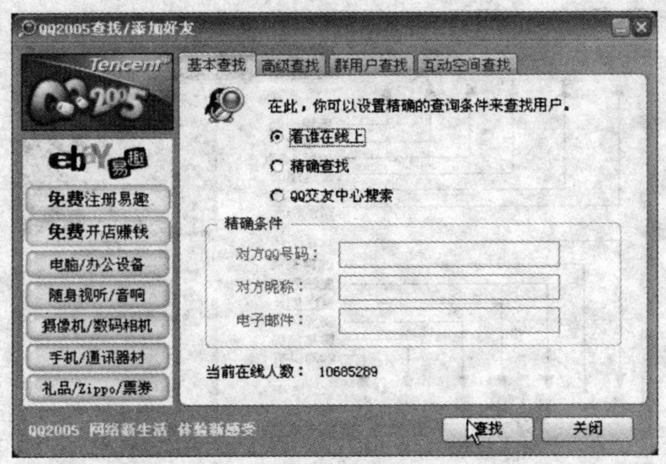


图 5—7 查找/添加好友对话框

照对方的设置可能出现以下三种情况：

▪ 需要通过好友验证

大部分情况下，对方设置的是需要身份验证才能将其列为好友。用户需要先输入验证消息，发送并耐心等待。若对方通过验证，在收到的返回信息窗口中即可为其选择相应的分组，成功添加对方为好友。

▪ 直接加对方为好友

若对方设置的是允许任何人将其列为好友，用户可直接为其选择分组，添加对方为好友。

▪ 对方拒绝被加为好友

若对方设置的是不允许任何人将其列为好友，用户就不能添加对方为好友。

（3）开始 QQ 聊天

现在的 QQ 聊天不局限于使用文字交流，常用的交流形式一般为：发送即时消息、语音视频聊天、QQ 对讲机、QQ 发送手机短信、传送文件等，如图 5—8 所示。

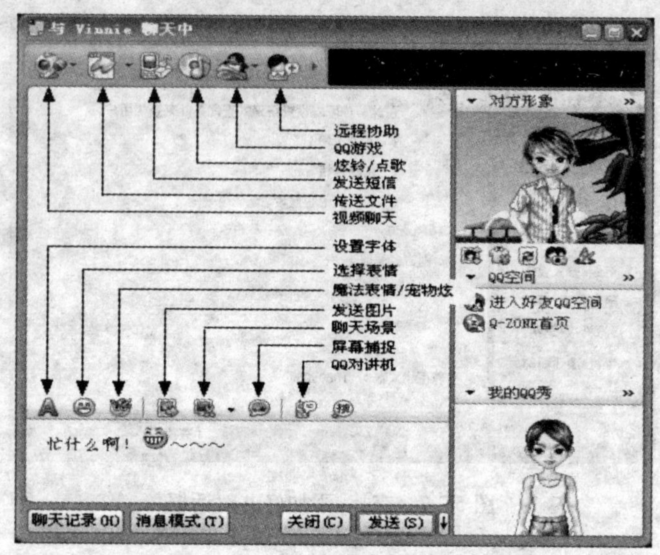


图 5—8 QQ 使用界面

▪ 发送即时消息

双击好友头像，在弹出的聊天窗口中输入消息，点击“发送”按钮，即可向好友发送即时消息。用户可以在聊天时进行字体、表情、聊天场景等个性化设置。

网上还流行在发送即时消息时使用各种字符拼装成的贴图，充分展现个性色彩，如图 5—9 所示。

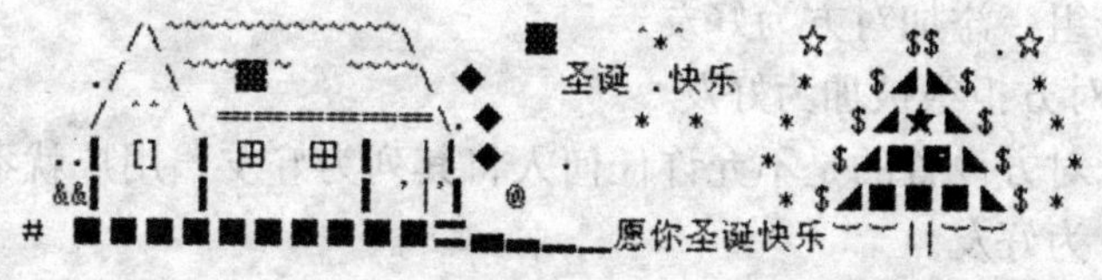


图 5—9 发送字符贴图

▪ 语音视频聊天

用户可以对好友头像点击鼠标右键，在弹出菜单中执行“影音交谈→视频聊天”命令，进行视频聊天。也可以在聊天窗口工具栏中点击“语音视频聊天”按钮请求视频聊天。对方收到请求并接受后就可以进行面对面的交流了。

注意：初次使用视频聊天时必须先进行视频调节。

▪ QQ 对讲机

在聊天窗口的工具条中点击 QQ 对讲机“发言”按钮，接通后按住“发言”按钮即可进行发言，松开按钮结束发言。用户还可点击“扬声器”按钮回放语音记录或在聊天记录里回放语音记录。

▪ 发送手机短信

在 QQ 好友面板中点击“手机好友”分组。双击“添加好友”，输入好友姓名、手机号码等相关信息，点击“保存”按钮，即可成功添加手机好友。

在“手机好友”分组中双击“发送短信”进入手机短讯通窗口。在“收件人”处直接输入好友手机号码，或是点击“收件人”，在弹出的“选择短信接收人”窗口中选择接收短信的手机好友。输入完毕点击“发送”按钮即可。

▪ 传送文件

用户可以向好友传递任何格式的文件，例如图片、文档、歌曲等。传送文件功能还支持断点续传，传送大文件也不用担心中途中断。

在聊天窗口中选择“发送文件”按钮向好友发送文件，也可以对好友头像点击鼠标右键，在弹出菜单中选择“传送文件”向好友发送文件。

### 5.1.3 QQ 的基本设置

QQ 的设置项目繁多，有很多是为用户个性化设置保留的，这需要用户在使用的过程中仔细观察、多尝试。我们这里给大家介绍如何对 QQ 进行基本设置。点击 QQ 面板的“菜单”按钮，选择“个人设置”子菜单，进入“个人设置”界面(见图 5—10)。

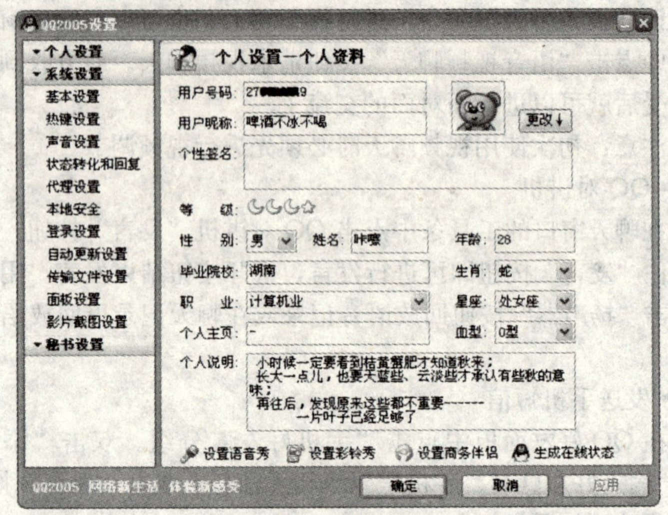


图 5—10 个人设置界面

从图中可以看出：QQ 的基本设置主要包括个人设置、系统设置、秘书设置三项，每项中又有很多小的设置项目。

QQ 的基本设置很直观，在此不再赘述。

## 5.2 MSN Messenger

MSN Messenger（简称 MSN）是微软公司开发的一款即时聊天工具。相对 QQ 而言，它消耗系统资源更少，性能稍差的计算机也能使用。MSN 界面简洁清新，少了许多花哨的针对年轻人的娱乐内容，更多的考虑办公室用户的需要，提供的人性化服务在不断的升级中也越来越完善。另外，QQ 是国内使用的聊天工具，而 MSN 则是一个全球性的即时聊天工具。也就是说，使用 MSN 可以与世界各地的朋友进行即时交流。

MSN 除了可以实时发送和接收图文消息以外，还可以与联系人进行语音交谈，给联系人拨打电话、发送文件，召开多人联机会议或是玩 Internet 游戏，还可以收到新邮件到达等事件的通知等。

### 5.2.1 MSN下载与安装

MSN现在最新的版本为7.0版，读者可以从MSN中国站主页（www.msn.com.cn）进行下载（见图5—11）。

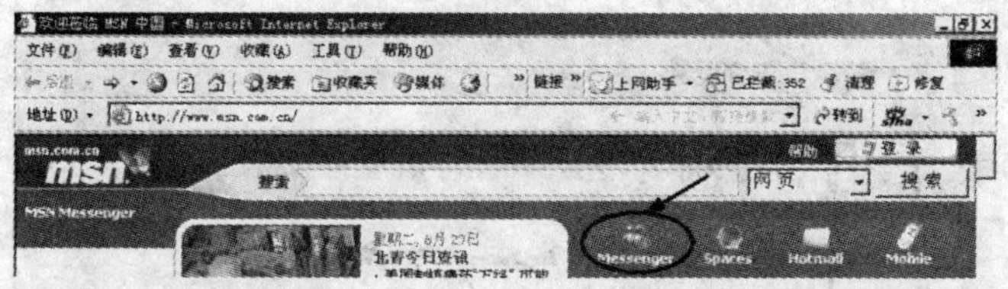

图5—11 下载MSN软件

下载完后，双击程序进行安装，此时出现MSN的安装界面（见图5—12）。

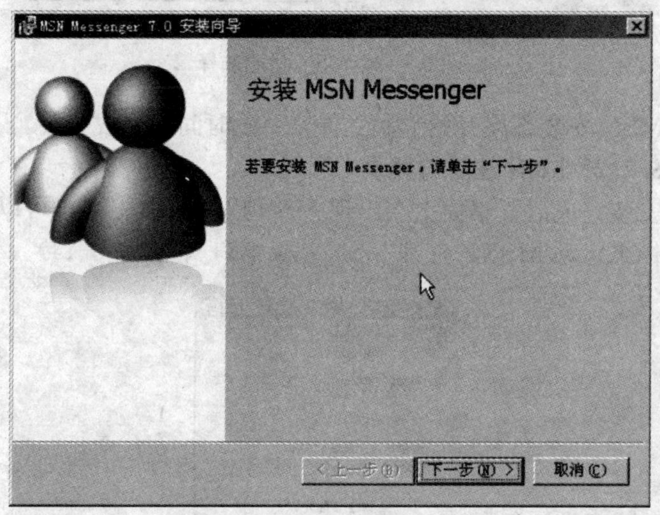


图5—12 MSN安装界面

在接下来的使用条款界面中选择“接受条款”选项，否则安装无法继续。

接下来是选择功能和设置，请在界面中勾选需要的功能

（见图 5—13）。

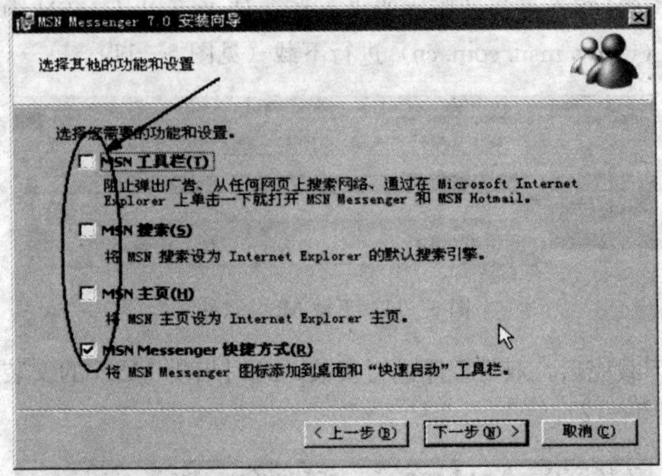


图 5—13　MSN 功能选择

MSN 安装程序开始复制文件，一段时间后完成安装。

### 5.2.2　MSN 注册与登录

安装完成后，桌面上会出现 MSN 启动图标。用户可以双击该图标来启动 MSN，打开 MSN 登录窗口（见图 5—14）。

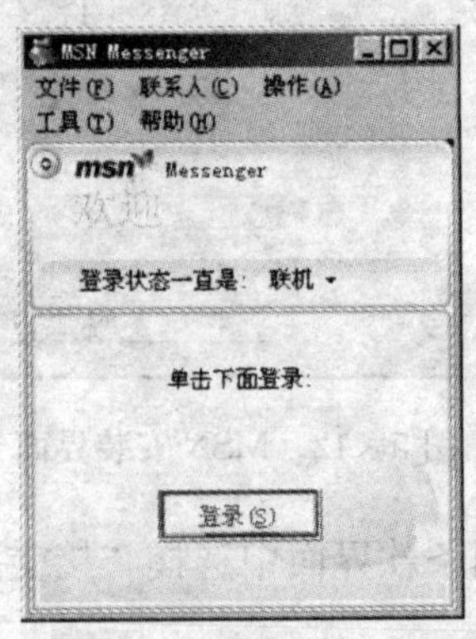


图 5—14　MSN 登录窗口

点击“登录”按钮，在登录对话框框中输入 MSN 账号和密码即可直接登录。对于第一次使用 MSN，用户需要一个 Microsoft Passport Network（由微软公司运行的一种 Web 服务，该服务会使用户登录到网站以及执行电子商务交易的过程变得更加简便和安全），点击“在这里获取”链接（见图 5—15）。

图 5—15　MSN 登录对话框

注册链接打开后，用户可以看到，有两种途径可以获得 MSN 账号：利用现有的邮箱或者直接到 www.hotmail.com 免费申请一个邮箱。下面我们选择利用现有邮箱来进行注册（见图 5—16）。

图 5—16　获取 Passport

在设置 MSN 账号密码页面中，我们填入第 4 章申请的邮箱 lisi0808@21cn.com（见图 5—17）。为了安全起见，密码不必输入邮箱的真实密码，此密码用于登录 MSN 而不是邮箱。

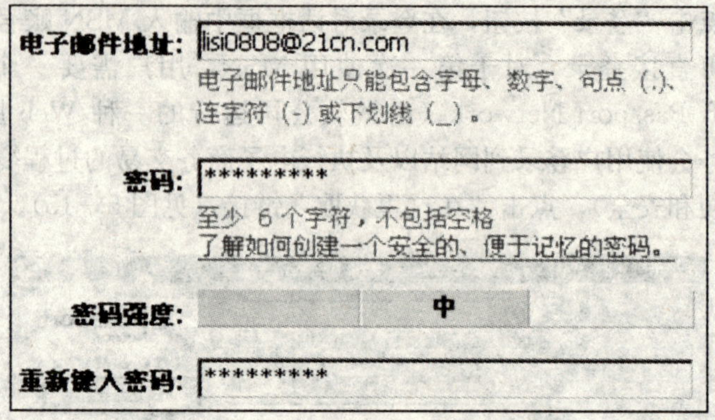

电子邮件地址：lisi0808@21cn.com

电子邮件地址只能包含字母、数字、句点（.）、连字符（-）或下划线（_）。

密码：*********

至少 6 个字符，不包括空格

了解如何创建一个安全的、便于记忆的密码。

密码强度：中

重新键入密码：*********

图 5—17　设置 MSN 账号密码

然后，要求用户确认邮箱地址并点击“接受”按钮（见图 5—18）。

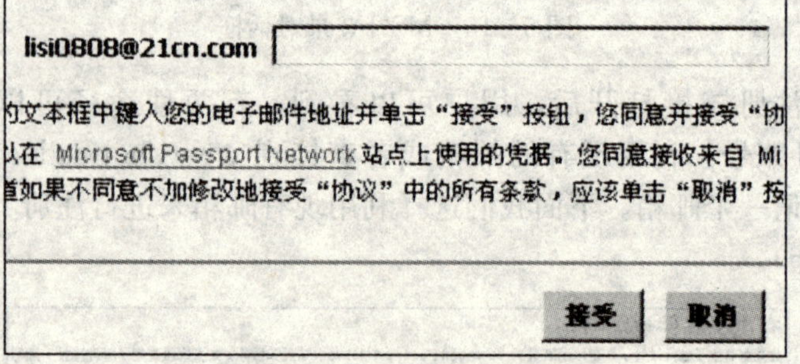


图 5—18　确认邮箱地址

最后，显示注册成功的页面（见图 5—19）。

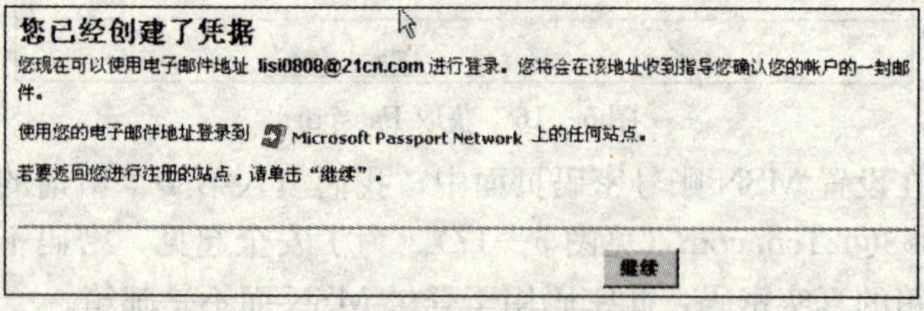

您已经创建了凭据

您现在可以使用电子邮件地址 lisi0808@21cn.com 进行登录。您将会在该地址收到指导您确认您的帐户的一封邮件。

使用您的电子邮件地址登录到 Microsoft Passport Network 上的任何站点。

若要返回您进行注册的站点，请单击“继续”。

继续

图 5—19　成功获取 Passport 提示

这时，我们就可以使用该邮箱的账号和密码登录 MSN（见图 5—20）。登录的密码应该选用前面设置的密码，而不是邮箱本身的密码。

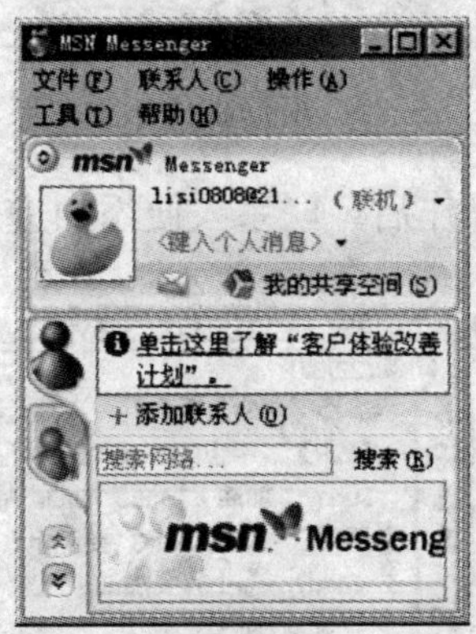


图 5—20 MSN 主界面

### 5.2.3 添加联系人

到此为止，我们已经安装好 MSN、申请了账号并成功启动了 MSN。但是我们发现在“联系人”一栏中是空白的，也就是说还没有一个网络朋友。下面我们一起来看看如何添加联系人。

添加联系人一般使用四种方式：

- 从通讯簿名单中选择联系人；
- 通过已知的电子邮件地址添加联系人；
- 根据移动电话号码添加联系人；
- 在互联网上搜索并添加联系人。

下面我们学习最常见的添加联系人方式：通过电子邮件地址添加联系人。

点击“添加联系人”按钮，选择“根据邮件地址创建新的联系人”，按要求输入准备添加的联系人的邮件地址（见图 5—21）。

图 5—21　根据邮件添加联系人

按照提示进行操作后，联系人便添加进来了（见图 5—22）。

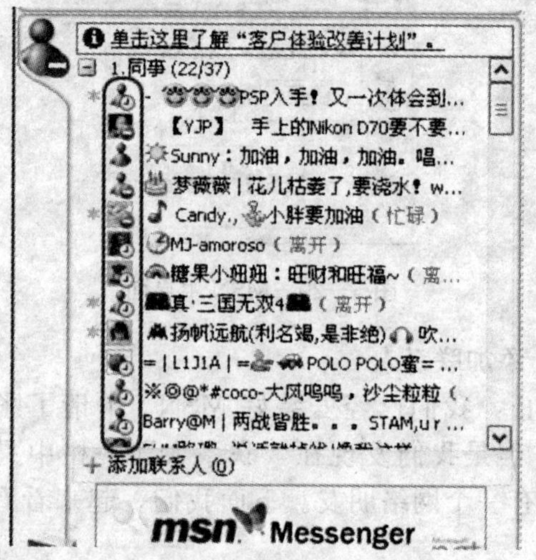


图 5—22　联系人显示窗口

### 5.2.4　MSN 使用与设置

有了联系人，我们便可以使用 MSN 来进行交流了。

从界面来看，MSN 聊天与 QQ 聊天大同小异(见图 5—23)，只是操作上有些不一样。

常用的 MSN 设置主要有以下几个方面：

(1) 更改状态

使用 MSN 时，其他用户可以方便地了解你的状态。MSN 能根据你当前的状况自动更改状态，同时也支持用户手动更改状

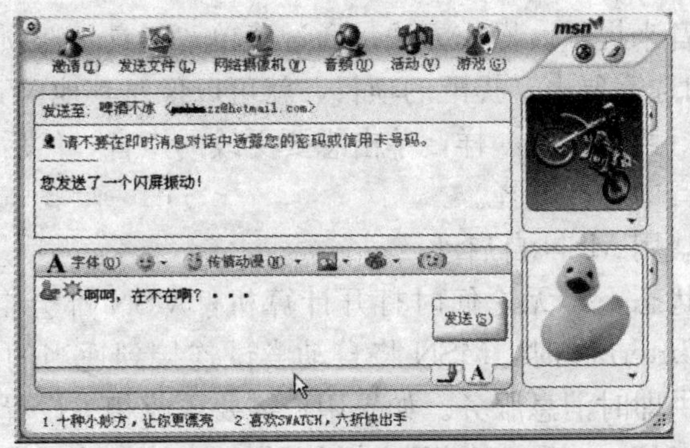


图 5—23　MSN 聊天窗口

态（见图 5—24）。

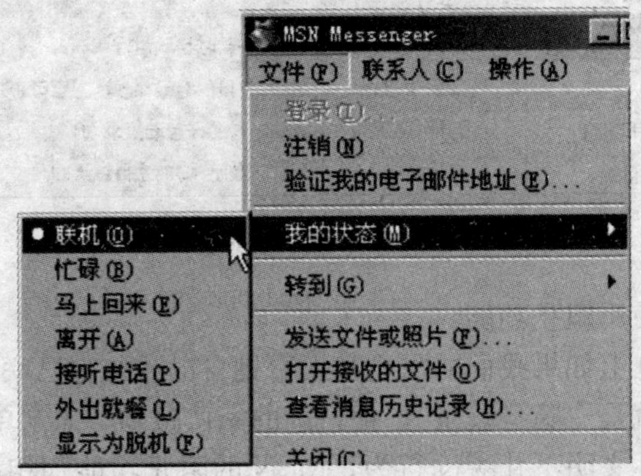


图 5—24　更改 MSN 状态

（2）保持窗口始终可见

一般情况下，用户使用 MSN 时也在做其他事情，这时就会出现新窗口把 MSN 窗口遮住的情况。如果需要把 MSN 窗口放在所有窗口上方，可以通过菜单“工具→总在最前面”来实现。

（3）更改 MSN 声音

当联系人上线、收到消息或邮件等事件发生时，可以使用自定义的声音来提示。操作方法是通过菜单“工具→选项→通知和声音”，勾选需要声音提醒的项目，就可以像对其他 Windows 应用程序进行声音设置一样，单击想要更改的声音，然后从计算机提供的声音中进行选择。

（4）禁用 MSN 自启动

默认状态下，无论何时打开计算机，MSN 都会自动启动。当连接到 Internet 时，MSN 将自动尝试连接到适当的服务器上并开始提供即时消息服务。如果用户需要更改相关设置，可以通过菜单“工具→选项→常规”进行操作。去掉勾选“当我登录到 Windows 时自动运行 Messenger”即可（见图 5—25）。

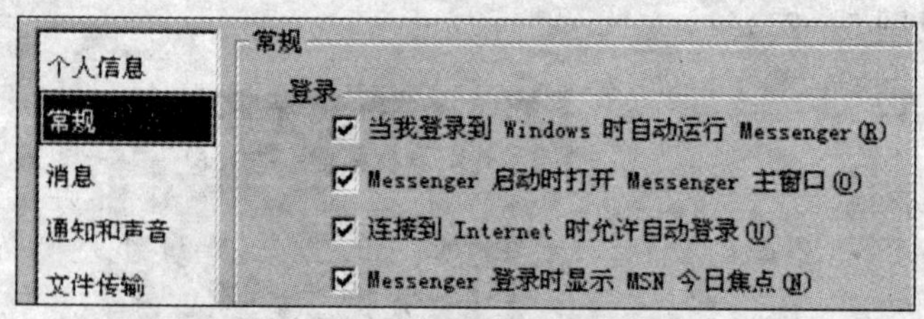


图 5—25　MSN 常规设置

（5）使用阻止功能

在 QQ 上如果我们要阻止某人看见自己或与自己联系，最常用的方法就是“隐身登录”，把讨厌的家伙拉到“黑名单”，但这都是非常不文明不礼貌的行为。MSN 的阻止功能却相应的帮你拒绝得大方得体。比如你参与的即时消息对话来自于你想阻止的人，在即时对话窗口单击“阻止”按钮就可以了。也可以在主窗口中用鼠标右键单击要阻止的人的名称，然后在右键菜单中单击“阻止”。要想取消阻止，只要在你的“联系人名单”中，用鼠标右键单击要取消阻止的人的名称，然后单击“取消阻止”即可。同时，我们还可以在“工具→选项→隐私”中设置好阻止哪些联系人，允许哪些联系人等（见图 5—26）。

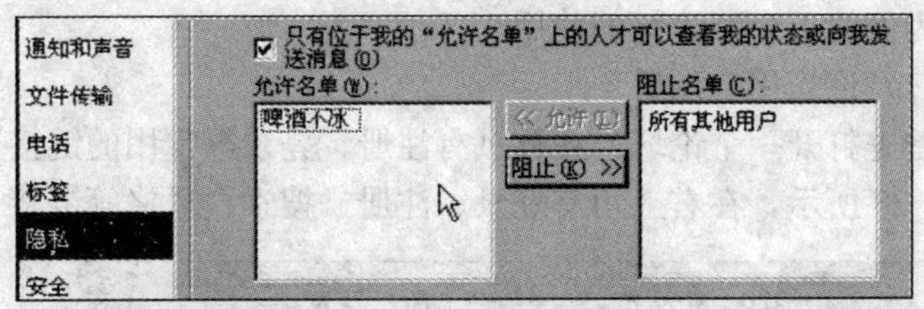


图 5—26 阻止联系人

(6) 保存聊天记录

一般情况下，MSN 是不保留聊天记录的，只要关闭了即时消息窗口，窗口中的所有文字记录都将烟消云散，永无踪迹。如果用户要保存即时消息，可以在“工具→选项→消息”进行设置。勾选“自动保留对话的历史记录”，并可以更改保存文件的路径（见图 5—27）。

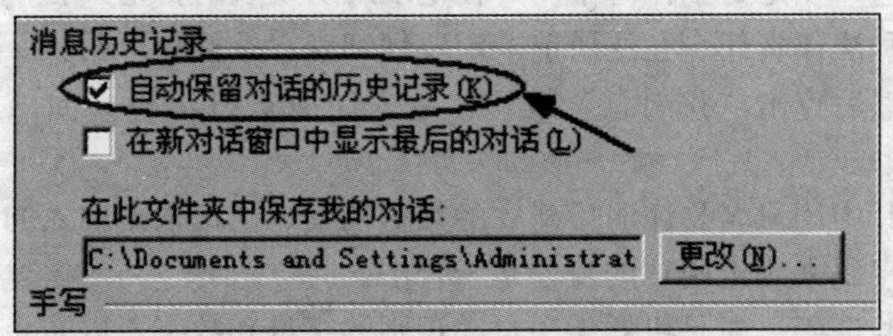


图 5—27 处理聊天记录

## 5.3 网上论坛

论坛是我们日常交流和学习的重要场所。我们可以使用论坛来发表自己对某些问题的看法，参加问题的讨论；或者提出自己的疑问，请其他人来进行解答。论坛的前身叫“电子公告板”(BBS)，在没有聊天工具之前，它是最主要的网上交流方式。

论坛的使用一般包含注册、登录、发贴、回贴等操作步骤。然而，针对不同的论坛，操作方式上会有一些差异。下面以一个论坛为例简单介绍论坛的使用。

（1）论坛用户注册

首先打开一个论坛，在首页有注册、登录等常用的链接，如图 5—28 所示，在右上角有登录、注册、搜索、风格等链接。

图 5—28　论坛主界面

点击“注册”按钮，进入注册页面第一项：服务条款及声明，这一项是为了让每个用户在论坛对所发表的言论具有一定的权力和法律责任。在注册前一定要仔细查看条款和声明。

然后点击“我同意”按钮，进入注册资料填写页面（见图 5—29）。

其中用户名是注册后建立的数据档案，论坛根据输入的用户名和密码来确定用户的身份是否合法。

验证码一般是机器无法自动识别的字母和数字，以防止有人利用程序恶意注册账号。用户按右边提供的信息录入即可通过验证。

E-mail 地址是注册成功后接收及找回密码等的邮箱。有时也用来防止一个用户注册多个用户名的恶意注册。

填写注册资料后点击“注册”按钮进入下一步，如果注册资料符合注册要求则完成注册，如图 5—30 所示。

（2）登录论坛

进入论坛登录页面，输入注册过的用户名和密码，点击“登录”按钮就可以登录论坛（见图 5—31）。

>> 欢迎光临 **师生论坛**

师生论坛 → 论坛注册 → 论坛注册

| 新用户注册 | |
|---|---|
| **用户名：**<br>注册用户名长度限制为3－20字节 | |
| **请输入验证码：** | 7132 |
| **性别：**<br>请选择您的性别 | 先生　女士 |
| **论坛密码(至少6位)：**<br>请输入密码，区分大小写。<br>请不要使用任何类似 '*'、' ' 或 HTML 字符 | |
| **论坛密码(至少6位)：**<br>请再输一遍确认 | |
| **密码问题：**<br>忘记密码的提示问题 | |
| **问题答案：**<br>忘记密码的提示问题答案，用于取回论坛密码 | |
| **OICQ号码：**<br>填写您的QQ地址，方便与他人的联系 | |
| **Email地址：**<br>请输入有效的邮件地址，这将使您能用到论坛中的所有功能 | 检测帐号 |
| **显示高级用户设置选项** | 注册　清除 |

图 5—29　注册资料填写

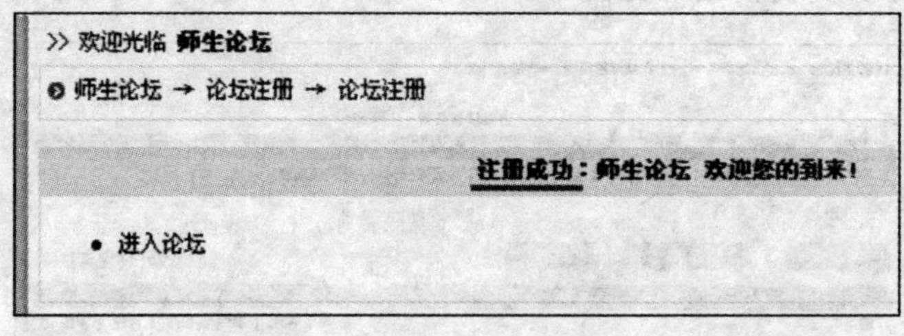


图 5—30　注册成功的提示

图 5—31　论坛登录界面

如果输入的用户名和密码正确，便可进入论坛（如有出错，则返回重新登录)。

在论坛中涉及的名词主要有：

帖子：就是指在论坛各版面发表的文章，用户可以发表新的帖子（简称发帖)，也可以回复别人发表的帖子来发表自己的见解（简称回帖或跟帖)。

版主：就是各个版面的管理员，有权力和义务删除一些含有有害信息的帖子，对好的帖子有可以加入精华区等权利。

版面：其实就是各类文章的分类，用户可以根据各版面的说明来进行发帖，如你的帖子发错版面，版主有权将你的帖子删除或移动到相应的版面。

灌水：灌水也可以说是发帖、回帖。该词为贬义，一般是指大量发表的没有实际阅读意义的文章。

(3) 发帖和回帖

发布新帖：进入要发表新帖的相应版面，点击“发新帖”按钮就可以发表新帖（见图 5—32)。

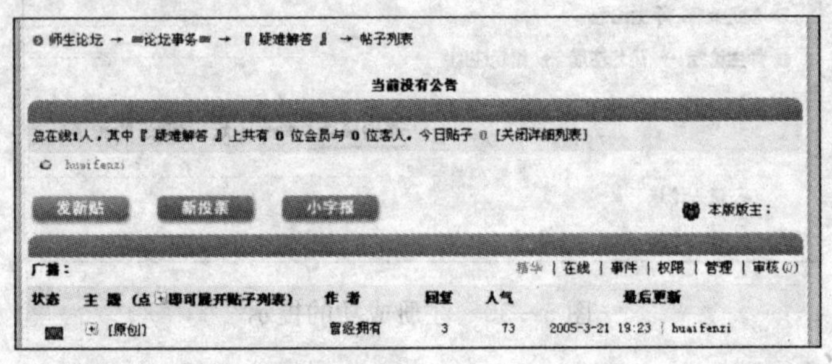


图 5—32 论坛版面

回复帖子：进入你要回复的帖子，拉动滚动条到帖子的最后面可以直接进行回复（见图 5—33)。

点击“回复”按钮即可回帖。在帖子的下面如果还有分页，你可以点击相应的页面进入查看。

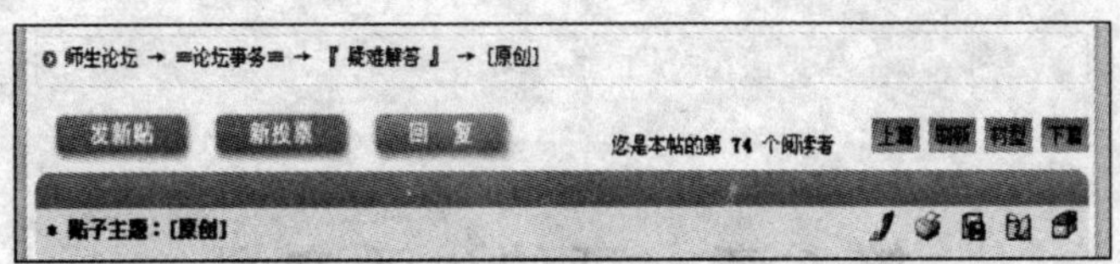


图 5—33　回帖操作

## 练　习　题

1. 实例操作：下载并安装 QQ，注册成为 QQ 用户。
2. 实例操作：登录 QQ，添加网友，然后进行网上聊天。
3. 实例操作：使用 QQ 传送文件。
4. 实例操作：下载并安装 MSN，注册成为 MSN 用户。

# 第 6 章　延伸生活空间

**本章培训要求**

通过本章的学习，要求培训对象进一步提高 Internet 应用能力，学会利用 Internet 解决日常生活问题的基本方法。

## 6.1　网上新闻

作为传播媒介，Internet 的时效性和多媒体传播特性是无与伦比的。特别是 Internet 上的新闻不仅具有容量大、实时性和表现形式丰富等优点，还可以对当前发生的热点新闻进行讨论，发表个人见解，因此越来越受到广大用户的喜爱。网上新闻已成为很多站点提供信息服务的一项重要内容。据 CNNIC 第十七次报告显示，用户经常使用的网络服务中，浏览新闻已成为仅次于电子邮件的热门服务。

### 6.1.1　新闻频道

现在，几乎所有的门户网站都提供新闻服务，许多电台、电视台也开始建立自己的网站，并开辟了专门的在线新闻频道。

所有这些网站为人们提供了丰富的新闻信息，拓宽了新闻的途径。目前较为著名的新闻站点有中国新闻网（www.chinanews.com.cn）、新华网（www.xinhuanet.com）、人民网（www.people.com.cn）、CCTV（www.cctv.com）以及凤凰卫视（www.phoenixtv.com）等。

用户可以浏览新闻站点主页所提供的各类新闻专题，也可以采用关键词查询的方式直奔主题，只查看所关心的新闻话题。一般情况下，新闻站点都提供新闻检索方式，通过不同的检索方式，用户可以快速查找所关心的新闻话题。例如进入“中国新闻网”首页后，用户想查看与“进城务工”主题相关的新闻，在搜索栏内输入“进城务工”关键词，然后单击“检索”按钮（见图6—1），即可看到站内与主题词相关的新闻（见图6—2）。

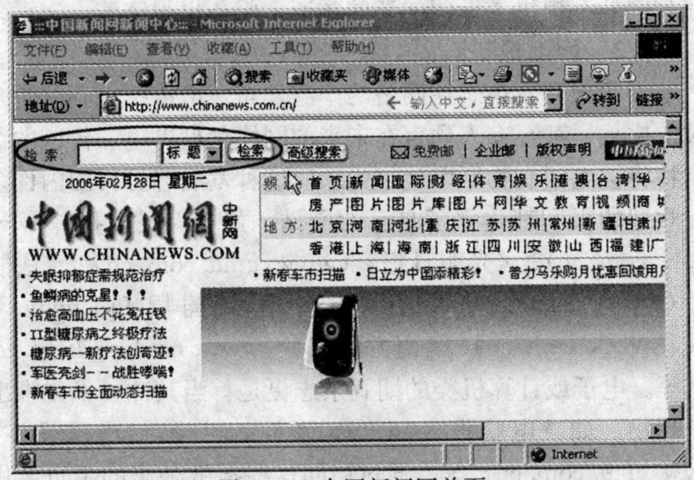

图 6—1　中国新闻网首页

图 6—2　搜索结果页面

除了专门的新闻站点以外，许多综合门户类站点都为用户提供新闻服务，而且提供新闻的及时性和全面性丝毫不亚于专门的新闻站点。如国内的新浪（www. sina. com. cn）、搜狐（www. sohu. com）、网易（www. 163. com）、TOM（www. tom. com）等综合网站都提供了专门的新闻频道，服务也很完善。

### 6.1.2 网上报刊

电子版报刊、杂志在网络的广泛发布，给传统报刊业带来了极大的挑战，甚至有人预言在未来的网络化世界里，传统的纸质印刷物将被电子刊物所取代。为顺应这种发展趋势，国内许多受读者欢迎的报刊都建立了自己的网站，如《人民日报》（www. people. com. cn）、《光明日报》（www. gmd. com. cn）、《法制日报》（www. legaldaily. com. cn）、中国新闻周刊（www. chinanewsweek. com. cn）、《南方周末》（www. nanfangdaily. com. cn）等。电子或计算机类的期刊杂志更是首当其冲，率先推出了电子刊物，如《电脑报》（www. cpcw. com）、《电脑爱好者》（www. cfan. com. cn）等。通过访问这些报纸杂志的主页，用户可以浏览最新的国内、国外要闻。如图 6—3 所示为《南方周末》网站的主页。

## 6.2 网上购物

在现实世界里，传统的销售模式主要有百货商店、专卖店、连锁店、超市等。但随着生活节奏的加快，消费者用于外出购物的时间越来越少，拥挤的交通和日益扩大的店面，耗费了消费者大量的时间和精力。因此消费者迫切需要一种全新的快速方便的购物方式和服务方式。

作为网上生活的一种新方式，网上购物以其方便、灵活的服务方式逐渐被人们接受。据 CNNIC 第十七次报告显示，在我国 1 亿多网民中，20%的人有过网上购物经历，网上购物已成为人们购物的新时尚。

图 6—3 《南方周末》主页

### 6.2.1 电子商务

电子商务（Electronic Commerce）是 Internet 与商业活动的有机结合，通常是指两方或多方通过 Internet 进行商务活动的过程。如企业和企业之间的商务活动、网上零售业和金融企业的数字化处理过程等。

根据电子商务发生的对象，可以将电子商务划分为以下几种类型：

- B2B（商业机构对商业机构的电子商务）；
- B2C（商业机构对消费者的电子商务）；
- B2G（商业机构对政府机构的电子商务）；
- C2C（消费者对消费者的电子商务）。

### 6.2.2 网上购物

网上购物不等同于电子商务。网上购物仅是指通过网络购买商品，而电子商务是指将整个贸易活动实现电子化，也就是说通过 Internet 完成寻找客户、洽谈、订货、付款和开电子发票等。

网上购物主要是指电子商务中的 B2C 类型，类似于人们平时在商场的购物活动。商家把物品放到网站上，通过网络使消费者了解商品的外观和性能，并提供送货上门服务，以实现物品的直接销售。用户通过 Internet 搜索需要的产品，比较各商家产品价格，了解各种产品的性能及消费者对商品的评价，足不出户即可完成商品的选购、订购及接收这样一个较为复杂的过程。

网上购物一般有以下几个步骤：

（1）会员注册。各购物网站都需要进行网上会员注册，以便在选购完商品后更好地进行交易活动。

（2）商品选择。通过在网站上查询、浏览，选择自己喜欢的商品。

（3）商品订购。将所选择的商品放入“购物车”，表示准备购买。

（4）商品结算。确定商品结算的方式，一般有网上信用卡支付、货到付款和邮局汇款等多种方式。

（5）信息查询。查询自己的货物订购情况，并进一步确认。

（6）商品接收及售后服务。

下面是目前国内一些适合个人用户网上购物的网站，供参考。用户可以使用搜索引擎查找更多的购物站点。

- 易趣（www. ebay. com. cn）
- 淘宝网（www. taobao. com）
- 当当网（www. dangdang. com）
- 卓越网（www. joyo. com）
- 6688（www. 6688. com）
- E 国购物网（www. eguo. com）
- 西单 igo5（www. igo5. com）
- 华联超市网上购物（www. hualian-supermarket. com）

- 新浪商城（mall. sina. com. cn）
- 搜狐商城（store. sohu. com）
- 网易商城（mall. 163. com）

需要注意的是，网上购物这种方式在我国还存在网上支付不便、配送系统不完善等问题。此外，和传统购物一样，网上购物也有产品、服务问题，以及收钱不发货、携款潜逃等问题。消费者要注意保护自身利益，谨防网上购物陷阱，提倡消费者采用货到付款或先付定金，货到付全款等付费方式，避免或减轻损失。

## 6.3 网上娱乐

### 6.3.1 网上听音乐

音乐是现代人生活中不可缺少的调味品，走在街上能听到音乐，逛超市能听到音乐，打开电视也能听到、看到制作精美的MTV。当然，用户在网上漫游时也能感受到音乐的节拍。

在网上关于音乐的站点非常多，提供的音乐服务，除了歌手介绍、照片、歌词、音乐文化以外，歌曲的试听和下载是最吸引用户的。

要在网上听音乐，用户计算机中必须安装合适的播放软件。目前网上音乐常用的文件格式有 MP3，RM，WMA 等，用户可直接利用 Windows 自带的媒体播放器或下载 RealPlayer 等软件进行播放。

例如用户希望播放“两只蝴蝶”这首歌曲，可执行如下操作：

第一步：打开百度主页，在导航栏中单击“MP3”按钮，在搜索栏中输入歌曲名称（见图 6—4），然后单击“百度搜索”按钮；

第二步：在搜索结果页面中（见图 6—5），单击其中“试听”超链接即可启动音乐播放程序，自动播放该歌曲(见图 6—6)。

图 6—4　百度 MP3 搜索页面

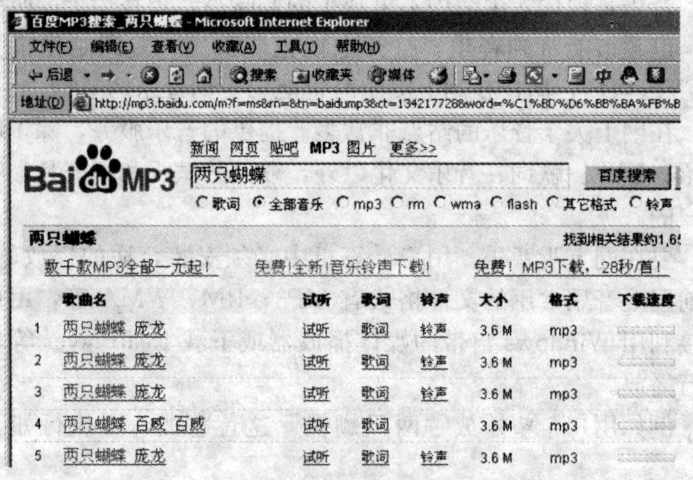


图 6—5　百度 MP3 搜索结果页面

下面列出一些常用的音乐站点，供参考。用户可以使用搜索引擎查找更多的音乐站点。

- 百度 MP3 搜索（mp3. baidu. com）

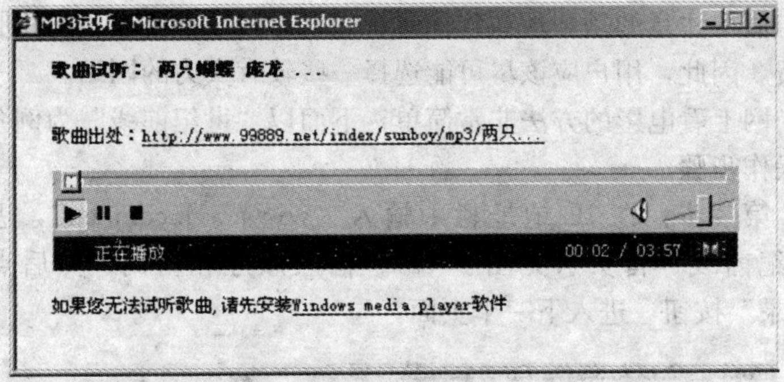


图 6—6　在线播放窗口

- 一搜 MP3 搜索（music. yisou. com）
- MP3 搜刮网（www. sogua. com）
- 音乐极限（www. chinamp3. com）
- 九天音乐（www. 9sky. com）
- 中国音乐在线（www. mtvtop. com）
- 星星音乐谷（music. feifa. com）
- 音乐试听（www. nowok. net）
- 好听音乐网（www. haoting. com）
- 9999 音乐网（www. qq530. com）
- 中国音乐网（www. cnmusic. com）

### 6.3.2　网上看电影

不少用户都喜欢看电影，它的确给人们的生活增添了不少情趣。随着宽带技术的迅速发展，网上看电影也逐渐成为一种时尚。登录到相关的电影网站，足不出户，就可以看到想看的电影，而且不受时间的限制。如果用户不能忍受网上在线播放电影的时间延迟，还可以将电影下载到计算机上，然后再观看。

和网上听音乐一样，要在网上看电影，用户也必须在计算机中安装合适的播放软件。如果用户尚未安装这些软件，在打开播放网上电影文件时，系统会给出相关的提示信息。

值得注意的是，现在几乎所有的电影网站都要求用户注册并付费。因此，用户应该尽可能选择一些较有实力的网站。

网上看电影的方法非常简单，下面以“世纪前线”为例介绍其操作步骤。

第一步：在 IE 地址栏中输入“www. avl. com. cn”，进入“世纪前线”首页（见图 6—7）。输入账号和密码，然后点击“登录”按钮，进入下一个页面。

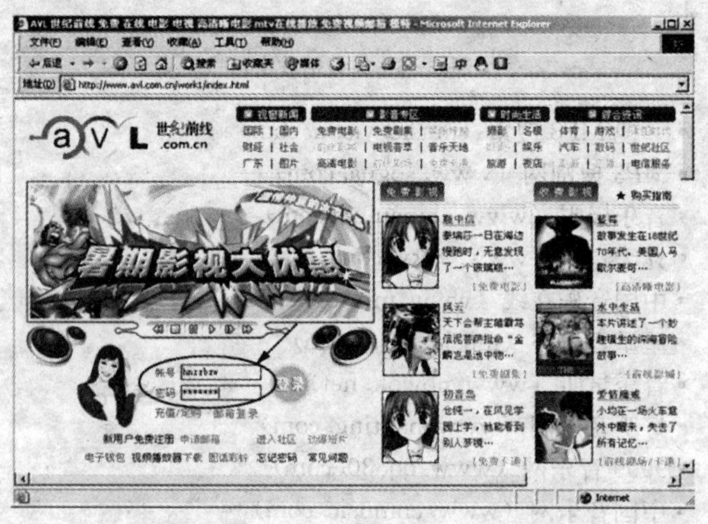


图 6—7　世纪前线首页

第二步：在电影列表中选择某个影片，打开该影片的介绍网页（见图 6—8）。然后单击相应“播放”按钮或超链接，系统会自动启动相应播放程序，这时就可以欣赏影片了。

### 6. 3. 3　网络游戏

网络游戏不同于传统的单机游戏，游戏的对手不是计算机，而是坐在网络另一端的人，可能是远在千里之外的陌生人，也可能是近在身边的同事。通过网络游戏，用户不仅能过足游戏瘾，还可以结交各地的朋友，可谓一举多得。

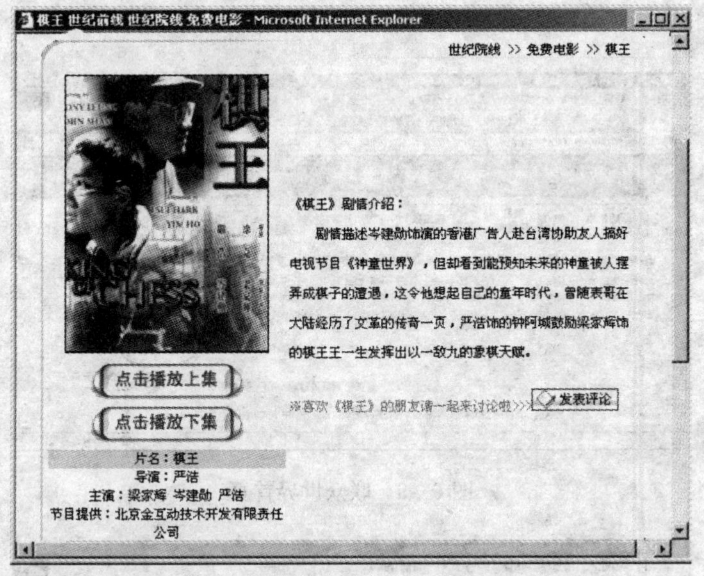


图 6—8　影片介绍页面

在游戏站点玩游戏，一般要先注册，然后下载、安装运行游戏的客户端程序。下面以“联众世界”为例，介绍一般棋牌游戏的玩法。

第一步：注册新用户

在 IE 地址栏中输入 www. ourgame. com，进入“联众世界”首页（见图 6—9）。单击“账号申请”按钮，在“游戏账号申请”页面中根据提示输入注册信息，填写完毕后，单击“提交”按钮。

第二步：下载安装“游戏大厅”

游戏大厅就是一个专门玩游戏的浏览器。在“联众世界一下载中心”页面中，点击“自动下载安装”按钮（见图 6—10），然后按照提示一步步操作就可以进行“游戏大厅”程序安装了。

第三步：登录“游戏大厅”

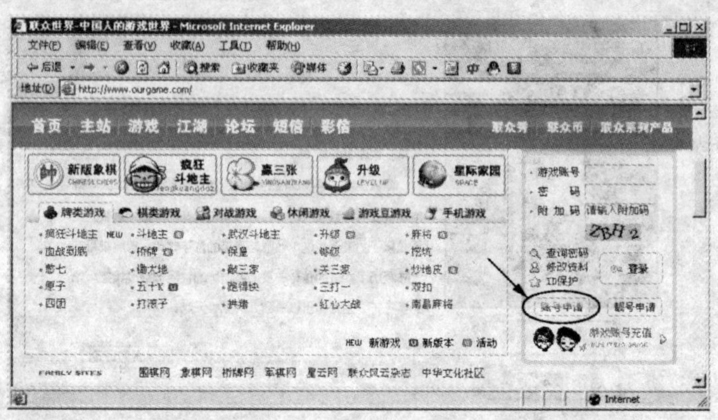


图 6—9 联众世界首页

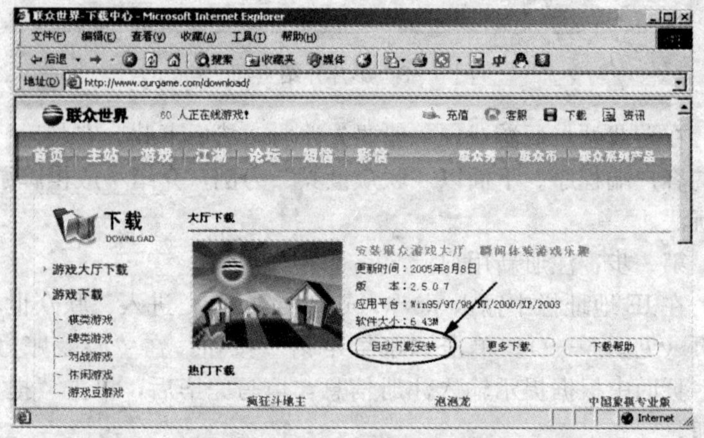


图 6—10 下载中心页面

双击 Windows 桌面上“联众世界”图标，出现“登录信息”窗口（见图 6—11）。单击服务器地址栏右边的下拉菜单，选择一个离你所在地较近的分站。然后输入前面注册的用户名和密码。如果选中“记住密码”复选框，再次登录就不需要输入密码

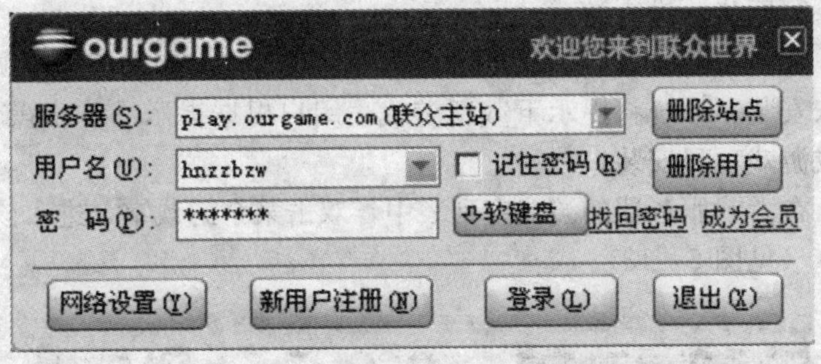


图 6—11 用户登录对话框

了。要注意的是，在网吧或公共场所上网的用户，为了安全一般不要使用“记住密码”功能。

输入正确的用户名和密码后，单击“登录”按钮，就可进入游戏大厅（见图 6—12）。单击任何一个游戏前的“+”号，就可以看到这个游戏的所有服务器及每个服务器上的在线人数，用户可以很方便地找到人数和速度相对来说最适合的服务器。

图 6—12 游戏大厅

第四步：进入游戏

在“游戏大厅”中双击感兴趣的游戏名称。如果该游戏项目尚未安装，系统将提示下载新游戏，用户根据提示一步步操作，完成游戏项目安装。

在游戏服务器的游戏室列表中，双击某个游戏室，进入该游戏室（见图 6—13）。

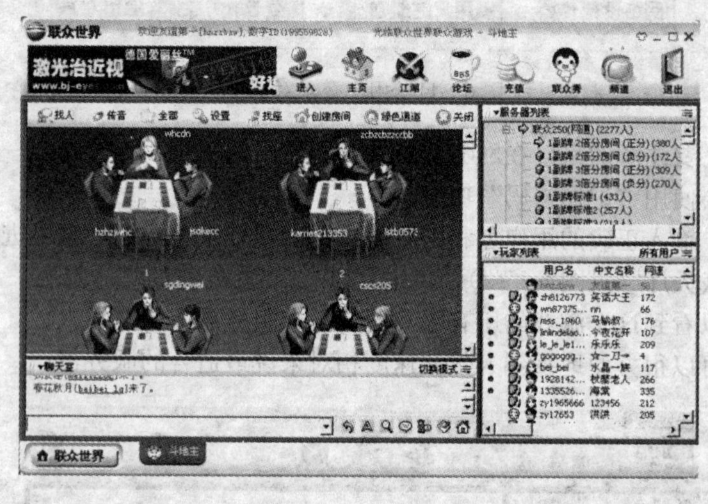


图 6—13　游戏室

窗口左上角代表游戏场地，用户可以在某个游戏桌上选择一个椅子坐下，等待游戏开始。窗口下部有一个输入栏，用于网友间聊天。窗口右侧“玩家列表”中可以看到所有在线用户的详细资料，如用户的胜率、等级等。

## 6.4　其他服务

### 6.4.1　网上求职

随着市场经济的进一步发展，农村富余劳动力向非农产业的转移越来越频繁。除了到各地劳务市场应聘外，利用网络信息进行择业的方式也受到了广大进城务工人员的欢迎。

求职者可以在相关网站发布求职信息，然后等待用人单位联系，也可以根据网上发布的招聘信息，发送求职意向。如果用人单位对你发去的资料感兴趣，就会和你进一步联系。

下面以“佛山市中心劳动力市场网”（www.job2000.com.cn）为例，介绍网上求职的基本方法。

第一步：在 IE 地址栏中输入“www.job2000.com.cn”，打开“佛山市中心劳动力市场网”首页（见图 6—14）。

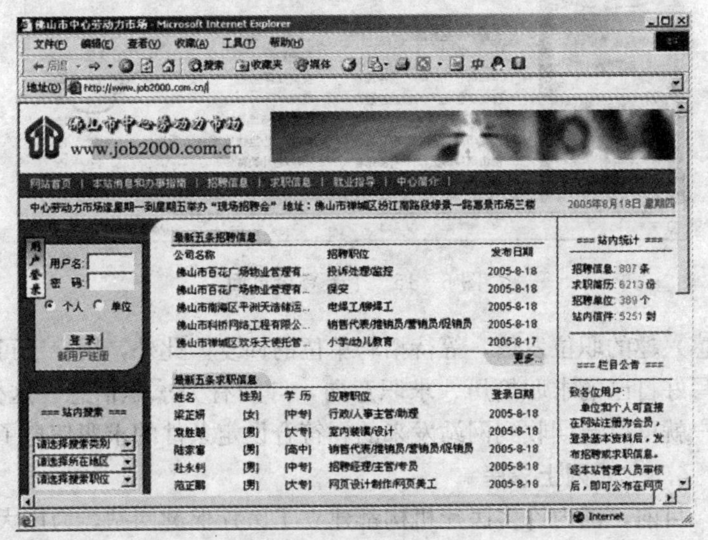


图 6—14 佛山市中心劳动力市场网首页

第二步：点击“新用户注册”按钮，进入“新用户注册”页面。输入用户名、登录密码和电子邮件等相关信息，然后单击“注册”按钮，完成个人用户注册。

第三步：返回站点首页，输入刚注册的用户名和登录密码，点击“登录”按钮，进入“个人登录”页面（见图 6—15）。

在“个人登录”页面中，用户可以查找相应的职位信息，并

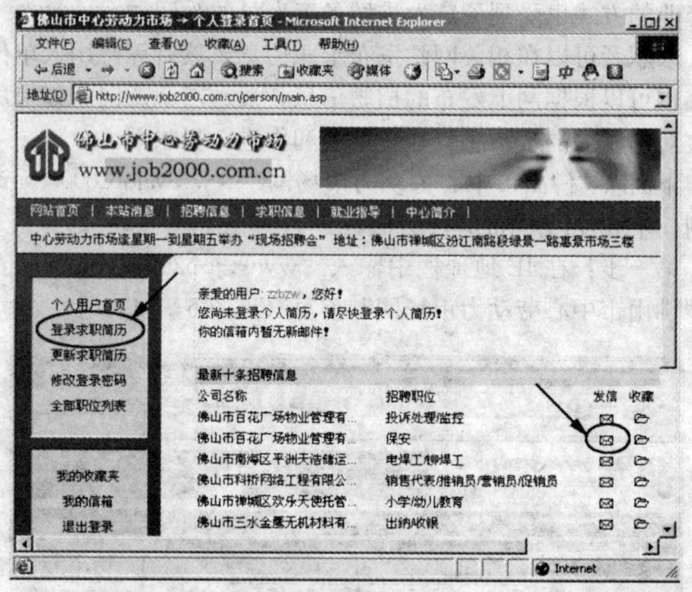


图 6—15　个人登录页面

对感兴趣的职位发信，等待招聘单位的回复。此外，用户还可以填写好自己的求职简历、求职意向，订阅有关求职信息。这样，用户就可以定期收到网站发来的，符合设定条件的求职信息了。

### 6. 4. 2　网上求医

目前，国内许多医疗机构都建立了医疗保健网站，为广大用户提供网上医疗信息咨询服务。在这些网站，用户可以实现网上挂号、化验结果查询、病症查询、了解疾病、医疗求助以及预防保健等服务。

例如在“中国百姓寻医问药”网站（www. xyxy. net），用户可以寻医问药、查询病症和化验结果，甚至进行现场实时咨询（见图 6—16）。

要想网上求医成功，可参照下列步骤：

第一步：准备求医

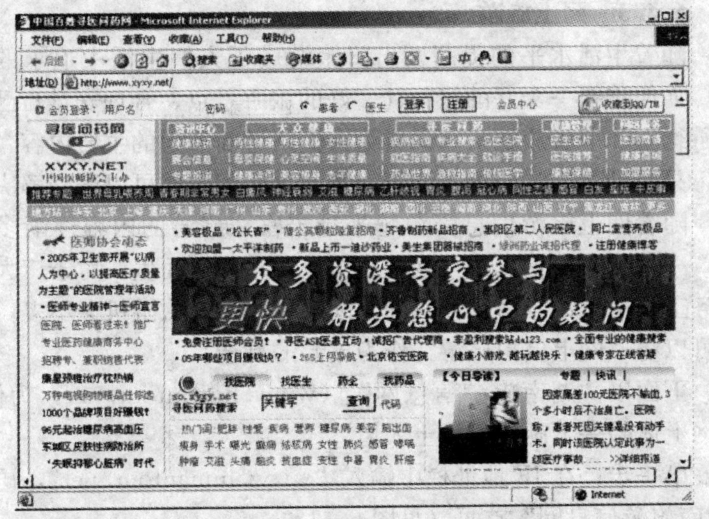


图 6—16　中国百姓寻医问药网首页

首先要把病例写得详细清楚，包括何时何地发生，什么症状，发生发展过程以及做过些什么检查和处理等。当然最好是医生写的病例，易于得到“网上医生”的认同。

第二步：发送病例

发送病例可以通过普通的电子邮件发送，也可以张贴在国内各医疗网有留言板和网上 BBS 的地方。发送的地方越多，看到消息的医生和热心人就越多，对值得讨论的病例就会及时返回他们的真知灼见。

第三步：利用资源

如有网上挂号服务的，用户可以去挂个号；提供远程会诊的地方，可以联系一下；用户还可以到网上医院寻找特色的门诊及适合的医院。

第四步：处理回信

当收到不同地区发来的诊疗意见或建议后，用户可以找当地的主管医生进行分析研究，“去粗取精”“去伪存真”。

### 6.4.3 网上旅游

随着生活水平的提高，出门旅游成了人们生活中追求的时尚。如何选择一个好的旅行社、好的旅游景点、合理安排自己的旅游行程和节省旅游费用，成为人们旅游前考虑的主要内容。目前，只要到相关的网页去浏览一番，这些问题就可以得到解决。

随着网上旅游信息资源越来越丰富，旅游的内容逐渐多样化，一种侧重于景点的“网上虚拟旅游”应运而生。对于广大进城务工人员来说，由于经济和时间限制，出门旅游机会不多，这时可以将“网上虚拟旅游”作为旅游的首选。

下面以“湖南旅游信息网”（www. hunantour. net）为例，在网上体验一下湖南的风土人情。

第一步：在 IE 地址栏中输入“www. hunantour. net”，访问“湖南旅游信息网”首页（见图 6—17）。

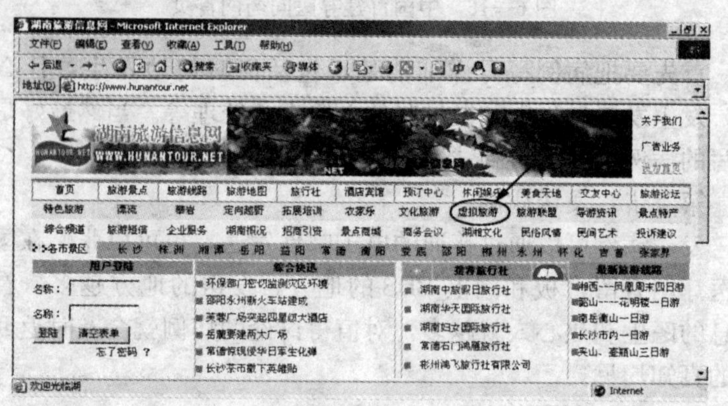


图 6—17 湖南旅游信息网首页

第二步：在首页中单击“虚拟旅游”超链接，进入“湖南旅游信息网虚拟旅游世界”页面（见图 6—18）。在该页面中可以看到一些湖南特色旅游的文字链接，如“长沙岳麓书院”“张家界一日游”等。

第三步：点击某一旅游项目的超链接，例如“张家界一日

图 6—18 湖南旅游信息网虚拟旅游世界页面

游”，在随后打开的页面中可以查看“张家界一日游”的图片和文字介绍（见图 6—19），开始网上旅游。

图 6—19 张家界景观页面

第四步：用户点击感兴趣的某一景观超链接，即可在新打开的页面中仔细观赏该景观和文字介绍。用户一路欣赏下来，慢慢就会有身临其境的感觉。

## 练　习　题

1. 实例操作：访问新浪、搜狐或网易等门户站点，查看最新国际国内新闻。

2. 实例操作：通过百度 MP3 站点，下载或试听自己喜爱的歌曲。

3. 实例操作：进入联众游戏或中国游戏中心，下载并安装相关软件，注册游戏账号，试玩自己感兴趣的游戏。

4. 实例操作：通过 Internet 搜索本地著名景点，查看相关图片介绍和文字资料。

# 已出版的职业技能短期培训教材书目

| 书名 | 定价 |
|---|---|
| **社区服务类** | |
| 家庭服务基本技能 | 6.00 元 |
| 家庭钟点服务基本技能 | 6.00 元 |
| 月嫂服务实用技能 | 9.00 元 |
| 保安基础知识与技能 | 8.00 元 |
| 家庭保洁 | 7.00 元 |
| 婴幼儿护理 | 8.00 元 |
| 护理员基本技能 | 9.00 元 |
| 养老护理 | 6.00 元 |
| 社区保洁 | 7.00 元 |
| 社区绿化 | 10.00 元 |
| 社区保安 | 8.00 元 |
| 社区公共设备管理 | 8.00 元 |
| 物业电工基本技能 | 8.00 元 |
| 手工编织 | 9.00 元 |
| 社区房屋维修 | 7.00 元 |
| 社区管道设备维护 | 8.00 元 |
| 插花 | 9.00 元 |
| **餐饮酒店类** | |
| 餐厅服务基本技能 | 7.00 元 |
| 客房服务基本技能 | 6.00 元 |
| 烹饪基本技能 | 9.00 元 |
| 中式面点制作 | 7.00 元 |
| 西式面点制作 | 6.00 元 |
| 餐饮服务基本技能 | 12.00 元 |
| 烹饪原料加工基本技能 | 8.00 元 |
| **服装制作类** | |
| 服装制作基本技能 | 12.00 元 |
| 服装缝纫基本技能 | 5.00 元 |
| 服装加工基本技能 | 15.00 元 |
| **商业服务类** | |
| 超市仓库保管 | 7.00 元 |
| 超市收银 | 9.00 元 |
| 超市配送 | 10.00 元 |
| **制造与修理类** | |
| 电子装接工基本技能 | 7.00 元 |
| 司炉工基本技能 | 8.00 元 |
| 锅炉设备安装 | 8.00 元 |
| 挡车工基本技能 | 7.00 元 |
| 汽车修理基本技能 | 10.00 元 |
| 冷作钣金工基本技能 | 7.00 元 |
| 钳工基本技能 | 8.00 元 |
| 车工基本技能 | 8.00 元 |
| 铣工基本技能 | 8.00 元 |
| 磨工基本技能 | 12.00 元 |
| 镗工基本技能 | 8.00 元 |
| 锻造工基本技能 | 10.00 元 |
| 铸造工基本技能 | 7.00 元 |
| 维修电工基本技能 | 11.00 元 |
| 电工基本技能 | 11.00 元 |
| 电气设备安装工技能 | 15.00 元 |
| **美容与保健类** | |
| 美容基本技能 | 7.00 元 |
| 美发助理 | 5.00 元 |
| 美发基本技能 | 7.00 元 |
| 保健拔罐基本技能 | 7.00 元 |
| 保健按摩基本技能 | 6.00 元 |
| 手足修复 | 9.00 元 |
| **建筑与装饰类** | |
| 木工基本技能 | 8.00 元 |
| 钢筋工基本技能 | 7.00 元 |
| 瓦工基本技能 | 8.00 元 |
| 防水工基本技能 | 13.00 元 |
| 架子工基本技能 | 9.00 元 |
| 管道工基本技能 | 8.00 元 |
| 混凝土工基本技能 | 8.00 元 |
| **文秘与计算机类** | |
| 文秘基础知识与技能 | 12.00 元 |
| 文字录入与处理 | 8.00 元 |
| 计算机组装基本技能 | 11.00 元 |
| Windows XP 入门与应用 | 7.00 元 |
| Word 入门与应用 | 8.00 元 |
| Excel 入门与应用 | 9.00 元 |
| PowerPoint 入门与应用 | 8.00 元 |
| FrontPage 入门与应用 | 8.00 元 |
| Visual FoxPro 入门与应用 | 8.00 元 |
| Outlook 入门与应用 | 8.00 元 |
| Photoshop 入门与应用 | 10.00 元 |